EL VIAJE MÁS LARGO
En busca de una cubanía extraviada

leonardo padura

COLECCIÓN
Territorios

COLECCIÓN
Territorios

El viaje más largo es el primer título
de la Colección Territorios.
Inaugura un programa de lecturas
que pretende contribuir a un mejor conocimiento
de la vida política, social y cultural
en diferentes territorios y países.

leonardo padura

EL VIAJE MÁS LARGO
En busca de una cubanía extraviada

Derechos reservados para todas las ediciones en castellano a excepción del territorio de Argentina y Cuba

Fotografía de la cubierta: Sub.coop
Realización de cubierta: Silvio García Aguirre

© Leonardo Padura, 2014
© Futuro Anterior Ediciones, 2014
Edición original al cuidado de Futuro Anterior y Mario Antonio Santucho

© Nuevos Emprendimientos Editoriales S.L.
Primera edición: 2014
Segunda edición: 2015

ISBN: 978-84-942364-2-6

La reproducción total o parcial de esta obra sin el consentimiento expreso de los titulares del *copyright* está prohibida al amparo de la legislación vigente.

Depósito legal: B.19792-2015
Impreso en España por Sagrafic
Printed in Spain by Sagrafic

Ned Ediciones
www.nedediciones.com

ÍNDICE

Nota de los editores	9

Prólogo
Periodismo literario cubano: Un cadáver exquisito 13

Caminos y encuentros
El viaje más largo 23
Un imperio entre las nubes 35
El romance de Angerona 47
Historia natural de la nostalgia 55

La historia y la leyenda
Una cacería de fantasmas 81
Ingenio Santa Isabel, leyenda de sangre, historia de azúcar 85
Las parrandas remedianas: El cumpleaños del fuego 89
La larga vida secreta de una fórmula secreta 95
Los nacimientos de El Cobre 109
El Bagá: Cenizas y silencio 117

Tipos y costumbres de la isla de Cuba
Don Juan, el hombre 125
Crónica de un mundo que se acaba 131
La gran pelea de Bill Scott 137
Yarini, el Rey 143

La cumbre y el abismo
Réquiem por Manengue 161
Chori 171
La noche triste de Chano Pozo 179

Anexo
Rodolfo Walsh o la literatura desde el periodismo 197

NOTA DE LOS EDITORES

Los géneros y las formas literarias suelen funcionar como verdaderas prisiones para quien escribe. Periodismo, literatura, ensayo. Ficción, testimonio, crítica. Policial, novela histórica, biografía. Demarcaciones rutinarias donde incrustar todo lo que se produce. Incluso lo inédito. Cuando la clasificación falla, aparecen nuevos nichos. Se agregan casilleros. Surgen kioscos. Es lo que ha sucedido, durante los últimos años, en torno a la crónica. Giro subjetivo del periodista, sin un esfuerzo analítico extra ni necesidad de comprometerse con la situación. Baño de realidad para escritores, oportunidad de coquetear con el gran público, sin preguntarse por el estado de la institución, o de la industria.

Sin embargo, el empleo de procedimientos literarios para narrar hechos de la realidad ha funcionado muchas veces como un recurso experimental. Un desplazamiento de la escritura determinado por problemáticas palpables. Develar los crímenes del poder, por ejemplo, cuando los caminos judiciales permanecen cerrados. O auscultar subjetividades anónimas, emergentes, inaudibles. Sean cuestiones de suma gravedad, o inquietudes minoritarias y sutiles, lo que importa es la fuerza motriz. El impulso vital. El afecto que se manifiesta a través de la escritura. Luego, el virtuosismo y la eficacia dependen del estilo. Del oficio. De la atención dispensada.

En el libro que aquí presentamos, escrito durante los años ochenta, Leonardo Padura inicia un viaje muy largo, del que todavía no se apeó. Una expedición a los pliegues de la cultura cubana, a contrapelo de los cánones propuestos por la memoria oficial de la Revolución. Personajes, lugares, sucesos y tradiciones desenterradas por el autor, en busca de genealogías perdidas, de una virtualidad aún inexplorada, rica en matices. Esa misma exploración que persevera en sus ambiciosas novelas posteriores, con sorprendentes hallazgos. Como cuando recurre a su formación filológica para sugerir que la fundación de la lírica cubana, durante el siglo XIX, es obra del español José María Heredia, descolocando las presunciones nacionalistas. O bucea en los lúgubres subsuelos del movimiento comunista internacional, para saldar cuentas con el tétrico sectarismo de algunas apuestas emancipatorias del siglo XX. Y no podríamos dejar de mencionar la entrañable saga policial protagonizada por Mario Conde, un personaje revelador de la travesía subjetiva que viven los cubanos en el presente. Su última obra, publicada hace pocos meses, un potente compendio sobre el improbable judaísmo caribeño, constituye una aguda reflexión sobre los secretos temores de todo dogmatismo.

Desde aquellos primeros estiletazos de un periodismo literario audaz y saltarín, hasta su producción de madurez, más afincada y consistente, una potencia similar reverbera en la escritura. Un proyecto intelectual, a la vez estético y político, instituido en torno a la aventura del pensamiento y la voluntad de un nuevo tipo de crítica, post socialista.

Texto elaborado por el equipo de Futuro Anterior Ediciones.

A mis padres,
a mis compañeros de estudio,
y otra vez a ti, Lucía.

PRÓLOGO
Periodismo literario cubano: Un cadáver exquisito

Corrían los años finales de la década de 1980 cuando el escritor mexicano Paco Ignacio Taibo II llegó a La Habana con dos maletas cargadas de libros de "periodismo". Su propósito era impartir un seminario de actualización en el que le revelaría a los desinformados periodistas cubanos (incluidos los cultores del periodismo literario criollo de aquellos años), que el llamado Nuevo Periodismo norteamericano había asentado su renovación, precisamente, sobre una mezcla hecha a conciencia entre función periodística y recursos narrativos, y sobre la base de dosis similares de iconoclastia hacia la academia y creatividad desbocada. Y para demostrarlo, había cargado desde México con aquellos libros firmados por autores como Tom Wolfe y Norman Mailer, y de obras de sus antecedentes más ilustres, como John Reed y Rodolfo Walsh. También fue por aquellos días, cuando Taibo, puesto al día de la labor individual de un grupo de profesionales cubanos de la prensa del momento, llegó a la reveladora síntesis que, de modo inmejorable, calificó el estado de esta manifestación en la isla: Cuba es el país con mejores periodistas y con peor periodismo que alguien pueda imaginar, dijo.

Han pasado algo más de dos décadas —y muchísimas águilas sobre el mar de la historia cubana— desde aquellos días en que Taibo nos retrató y, a la vez, nos actualizó y nos dio herramientas para entender mejor lo que algunos hacíamos y otros pretendían hacer. El llamado periodismo literario o de investigación cubano de la década de 1980 es hoy parte de la crónica pasada del ejercicio periodístico en el país y una más de las muchas víctimas de la masacre social y económica del llamado "período especial", cuando se desató la más espantosa crisis y no solo desapareció esta modalidad sino, incluso, casi la prensa en Cuba. Pero al cabo de estas dos décadas y luego de una cierta recuperación material emprendida en los años finales del pasado siglo, el estado de cosas que entonces definió con tanta precisión un forastero interesado y amable, más que mejorar, ha empeorado, como si el periodismo se moviera a contracorriente respecto a otras manifestaciones de la creación, especialmente de la literatura, que han experimentado una benéfica evolución en los años marcados entre la inquieta década de 1980 y el presente.

Quizás el más breve análisis de cómo surgió y se asentó la práctica de un periodismo literario en la Cuba de hace 25 años pueda ayudar a entender la situación de pobreza que por ese entonces existía en la prensa nacional, a ilustrar los modos en que se forjó aquella renovación periodística y a clarificar el por qué del actual estado de lamentable miseria de la profesión en esta isla del Caribe.

Para ningún estudioso de los procesos culturales cubanos resulta un secreto el hecho de que esos años 1980 fueron un período de reacción dentro del quehacer cultural e intelectual del país. La traumática experiencia vivida en la década anterior, marcada por la intransigencia política, la avasallante ortodoxia ideológica, la mediocridad oficializada y hasta la marginación social de incontables figuras del ámbito cultural del país (Lezama Lima y Virgilio Piñera incluidos), había significado, entre otras muchas cosas, un corte en el proceso de renovación artístico e intelectual que se había vivido en el decenio anterior. En el caso específico del periodismo, la institucionalización de su tarea descarnadamente propagandística a favor del sistema político (rector de todos los medios) y el lógico ascenso de la mediocridad de los confiables por encima de los sospechosos de siempre, había hecho imposible que proyectos típicos de la efervescencia de los años anteriores, como el del siempre polémico *Lunes de Revolución*, la mítica revista *Cuba*, o propuestas como el primer *Caimán Barbudo*, pudiesen reproducirse en el medio especialmente opresivo de esa década negra de 1970.

Tan profunda y dolorosa resultó la castración mental de esos años que, de manera inevitable, un pequeño cambio de condiciones subjetivas y objetivas provocó la tímida pero importante reacción creativa vivida en los años 1980, cuando la plástica, el teatro, el cine y la literatura comenzaron a marcar distancias respecto al arte y los conceptos prevalecientes y aupados en los años previos. Tal sacudida, incluso, llegaría al periodismo, siempre regido por los intereses partidistas, y en medios como *Juventud Rebelde, Bohemia, Somos Jóvenes, El Caimán Barbudo* y otros, comienzan a aparecer reportajes, crónicas, entrevistas en las que un lenguaje y unas perspectivas diferentes traían aires de renovación para las anquilosadas páginas de estas publicaciones y, en general, para la práctica del periodismo en la isla.

En realidad ninguno de los periodistas que por entonces materializan esta renovación que se hace visible hacia la mitad de la década, tenía un proyecto específico ni se proponía una búsqueda concientizada a partir de uno o varios modelos. El periodismo literario de esos momentos nació silvestre, hijo de la necesidad y abonado por el ambiente que se había creado en los medios culturales del país. Hubo, por supuesto, un sentido de reacción contra las estructuras, lenguajes y conceptos estereotipados y estrechos que se habían adueñado del ejercicio periodístico en Cuba y aún prevalecían (y lo que es más grave: todavía prevalecen). Existió, además, una manera menos formal de acercarse a la profesión y ejercerla, pues una notable mayoría de los cultores de este nuevo periodismo llegaban a la práctica sin haber sido deformados con los estrechos conceptos de la academia. Se conjugó, también, la presencia de un grupo de aprendices de narradores que en ese momento vivían del oficio periodístico y volcaron en el lenguaje de los medios las búsquedas y hallazgos que hacían o harían en sus novelas y relatos de esos tiempos o posteriores. Y se favoreció, sobre todo, con un espacio de libertad concedido por las direcciones y jefaturas de redacción que tuvieron la inteligencia y la capacidad de dejarlos realizar aquellos experimentos formales y conceptuales que consiguieron el milagro de convertir a miles de lectores retraídos en asiduos buscadores de cada nueva edición de esas publicaciones en las cuales, con frecuencia, aparecían aquellos textos híbridos y atrevidos en los que se encontraban historias, personajes y reflexiones atractivos para un público sobresaturado de información y lecturas altamente politizadas.

En el terreno técnico el periodismo literario cubano de los años 1980 fundó sus búsquedas y realizó sus concreciones a partir de una apropiación creativa y artística del lenguaje y las estructuras. El uso de una adjetivación hiperbólica y por momentos barroquizante apoyó, muchas veces, un crecimiento de los períodos gramaticales; se practicó una descripción detallada más propia de la narrativa que del periodismo tradicional; se introdujeron diálogos no necesariamente informativos en crónicas y reportajes; y se movieron las estructuras, puestas en función no de los conceptos del buen hacer periodístico promovido por la academia, sino de la construcción dramática del relato, a la cual se le ofreció la misma categoría estética de que disfruta en la narrativa. De tal modo, los reportajes podían ser leídos como cuentos, las entrevistas parecían diálogos, la sicología de las personas se recibía como si fuesen personajes de ficción y las tramas se cargaban de dramatismo, incluso de suspense.

En el terreno de los contenidos se produjo un atrevido cambio de perspectivas en cuanto a la selección de temas y personajes para los relatos periodísticos. Si antes un experimento como el de la revista *Cuba* había optado por mirar de modos diversos las mismas realidades que se reflejaban en otros medios (la zafra azucarera, la construcción de una carretera, etc.), ahora se prefirieron los asuntos olvidados o marginados por la prensa y la inmensa masa de los periodistas del momento. Comenzaron entonces a aparecer en periódicos y revistas como las antes mencionadas historias marginadas por la crónica oficial, personajes estrafalarios (incluso de los que se pueden calificar como "negativos"), noticias perdidas en el tiempo o en rincones remotos de la geografía insular, incluso figuras emergentes en la sociedad cubana como fue el caso de las para entonces bautizadas como jineteras, versión cubana de una prostitución reemergente. El país pareció, de pronto, mucho más animado, complejo, colorido y real, pero solo se trataba de una ilusión: en realidad el país resultaba el mismo, solo que más completo, mejor descrito.

Tal combinación de formas y contenidos trajo el soplo de aire fresco que recorrió en aquellos tiempos propicios a la prensa cubana, sin que por ello se lograra una renovación completa de un medio cuya subordinación a los intereses propagandísticos de la dirección política del país ha decretado su destino, cualidades y calidades. Pero el fenómeno de masas en que se convirtió aquella práctica marcó un momento y fijó un hito en el quehacer de la prensa cubana.

Los avatares por los que llegué a la práctica de aquel periodismo, como reportero del vespertino *Juventud Rebelde*, fueron típicos de la época —aunque los resultados fueran diversos de los esperados.

En 1980, recién graduado de la Facultad de Filología de la Universidad de La Habana, tuve la fortuna de hallar mi primer destino laboral en la revista *El Caimán Barbudo*, la publicación cultural de los jóvenes creadores cubanos. Y fui afortunado porque caí en *El Caimán* justo cuando fue posible comenzar una renovación de la publicación con la apertura de sus páginas a las preocupaciones de una nueva hornada de artistas, necesitados de quitarse de encima los lastres forjados en la década de 1970. Pero el tímido experimento que pretendimos realizar en *El Caimán* no tenía demasiados aliados —más bien lo contrario— y la propia dirección del departamento de cultura de la Juventud Comunista, al cual respondía la publicación, ayudó a fomentar la crisis que explotó en 1983 y desintegró casi completamente el equipo que entonces hacía la revista. Como resultado de aquel proceso, el escritor Eliseo Alberto (entonces jefe de redacción) fue a parar al Instituto de Cine (ICAIC), mientras dos de los redactores, Ángel Tomás González y yo, éramos enviados a trabajar a *Juventud Rebelde*, donde se suponía nos serían bajados los humos intelectualoides que expulsábamos y se nos reencausaría ideológicamente.

Pero la lógica de aquel proceso de reeducación, típico del país, del momento y del sistema falló en algún mecanismo no previsto. Porque pocos meses después de nuestro traslado, la dirección del periódico nos convocó a una misión "histórica": hacer atractivo el diario, convertirlo en material de lectura y recreación intelectual... Para que ello fuese posible, la dirección ponía a nuestra disposición varios de los privilegios con los que sueñan todos los periodistas del mundo: tiempo ilimitado para hacer nuestras entregas, todo el espacio que requiriesen los textos, recursos para trabajar y movernos por el país y, lo más importante, libertad para escoger los asuntos sobre los que nos interesara escribir.

De esa forma rocambolesca se creó el espacio para practicar aquel periodismo diferente, que pronto fue calificado de "periodismo literario" y llegó a convertir al vespertino de aquellos años en una referencia dentro de la historia de la prensa cubana de los años revolucionarios.

Todos los reportajes y crónicas que se reúnen en este libro son fruto de aquella experiencia a la que me dediqué en cuerpo y alma entre 1983 y 1990, cuando dejé el periódico.

Quien hoy lea estos textos seguramente tendrá una comprensión de las características singulares de aquel experimento periodístico. Porque la primera de esas peculiaridades es el hecho mismo de que casi treinta años después de haber sido escritos estos trabajos periodísticos resisten al acto de la lectura, lo cual es una contradicción esencial, pues la permanencia temporal no suele ser una de las condiciones del texto periodístico. También podrá comprobar el hecho extraño de que en un país con una prensa altamente politizada y utilitaria, se diera espacio a un periodismo que no se atenía a los requerimientos coyunturales de la propaganda, sino que respondía a sus propios reclamos, más literarios que específicamente periodísticos. Y, entre otras varias características diferenciadoras, el propósito de revelar una historia cultural y nacional más allá de los límites temporales de un proceso revolucionario que, como todos los procesos revolucionarios, le interesa del pasado más la reafirmación que la diversificación, más las razones de su legitimidad que las razones de la historia. Por esos caminos realicé ese viaje más largo a través del periodismo que, para mi orgullo y satisfacción, todavía hoy puede ser emprendido por lectores de Cuba y de diversas partes del mundo.

La drástica crisis económica y social que se produciría en Cuba a partir de los años 1990-91, decretaría la muerte de este experimento del periodismo literario cubano, al desaparecer sus soportes y las condiciones en que había florecido. En mi caso personal, fue la llamada de la literatura la que me apartó de ese ejercicio en 1990, justo cuando su posibilidad se hacía inviable, por razones materiales y por políticas editoriales.

Pero, llegada la recuperación económica que se empieza a sentir a fines de los años 1990, el destino del periodismo no conseguiría ser el mismo que tendrían la literatura y otras manifestaciones artísticas que sí pudieron aprovechar las rupturas y transformaciones sociales de esos años oscuros para renovarse, potenciarse y crecer. El periodismo, atado a sus dependencias y a conceptos que hoy mira críticamente incluso hasta la dirección del gobierno, el Estado y el partido (propietario de los medios oficiales en Cuba, promotores de sus políticas editoriales), no consiguió saltar hacia delante, sino que fue obligado a inmovilizarse o a trabajar mediante campañas, coyunturas y empujones programados por las altas esferas de la dirección política del país. Por tanto, no puede resultar extraña la densidad monolítica de la prensa nacional oficial cubana ni la falta de interés (o de posibilidades) de acercarse a ella por parte de escritores u otros profesionales, con sus miradas propias, con lenguajes diversos, como ocurrió en otros momentos de nuestra historia y de otras historias.

En tales condiciones una experiencia como la de aquel periodismo hecho con literatura e iconoclastia resulta impensable. Porque ni los deseos, ni las heterodoxias formales, ni los recursos literarios, ni siquiera el posible talento de los profesionales, resultan suficientes para levantar algo que depende no solo del talento de los actores, sino de la voluntad de sus directivos. Por tal razón hoy solo podemos ver —y por fortuna leer— el cadáver exquisito de lo que fue aquel irreverente y atractivo periodismo literario del que, a pesar de todos los pesares, disfrutó la cultura y la sociedad cubana en la década cada vez más remota de 1980.

Leonardo Padura Fuentes
En Mantilla, enero de 2012/julio de 2013

CAMINOS Y ENCUENTROS

EL VIAJE MÁS LARGO

Domingo primero de febrero. Pronto serán las cuatro de la tarde y en el mismo corazón de lo que fuera el barrio chino más populoso de América Latina, se producirá un espectáculo que parecía borrado de la memoria cubana: los chinos festejan hoy el advenimiento del Año Nuevo, según su calendario de 13 lunas. El milenario león de tela volverá a exhibir su exótica prestancia, como en los días lejanos en que recorría las calles de este barrio que quiso ser una prolongación de Cantón.

La leyenda del felino depredador al cual la fuerza no puede vencer y es amansado con astucia, no será protagonizada ya por elásticos actores chinos que intentaron reproducir su mundo en este rincón de La Habana. Es ahora un grupo de jóvenes, muy pocos con rasgos asiáticos, quienes luchan por salvar esta colorida tradición habanera.

Suena la música del gong antiquísimo, del tambor grave que dicta la pauta y de los platillos chispeantes. Comienza el combate entre la fuerza y la inteligencia. El león ha salido dispuesto a arrasar las cosechas. Entre la multitud que observa la danza, hoy atisban más caras chinas que todas las que un día cualquiera se pueden ver en este barrio tan habanero que apenas es posible asociar con una lámina de Shanghái o Pekín. Porque el misterio profundo de estos chinos celosos de sus costumbres, aferrados a la tradición en una lucha vana por vencer el desarraigo, se ha ido diluyendo en la fuerza terrible del tiempo y el curso de la historia. Como un organismo vivo, el barrio chino nació, se desarrolló y ahora transcurre en una vejez reposada pero implacable. El barrio chino de hoy es la imagen de un mundo en extinción, como los dragones de las leyendas pequinesas.

Principio y fin de una ilusión

Esta historia comenzó con la duodécima luna, a los 47 años del emperador Tu Kong, es decir, el 2 de enero de 1847, cuando más de 300 culíes chinos embarcaron en la fragata "Oquendo", en el puerto de Amoy. Iban vestidos con sus pantalones y camisas bastas y muy anchas, y sus sombreros cónicos de bambú tejido, el atuendo ideal para un buen agricultor. Tenían en la mente sueños luminosos y, mientras la nave se alejaba de la patria, todos se veían regresar, ocho años después, cargados de gloria y de dinero, para mitigar la miseria familiar. Su destino era una cálida posesión española del agitado Mar Caribe, una quimera donde las monedas corrían a los bolsillos de los que querían trabajar. Y ellos querían trabajar.

Ciento cuarenta y dos días después, el tres de junio de aquel año nefasto, los 206 sobrevivientes de la ingente travesía entraban en el puerto de La Habana. Sus ojos, legañosos y marchitos por el salitre de dos océanos, observaron todavía con júbilo la boca estrecha de la bahía, sus magníficas defensas de piedra y los árboles verdísimos de aquella ciudad de sueños y sol eterno.

Pocas horas después, aquellos contratados que lo habían imaginado todo menos su verdadero y triste destino, sólo comparable con el de los negros sacados de África para ser esclavizados, desembarcaban en el distrito habanero de Regla y eran hacinados en barracones construidos para su alojamiento provisional. Se iniciaba, ese día bien señalado en la historia universal de la infamia, una nueva esclavitud, la esclavitud que exigían los nuevos tiempos...

Esta historia terminará tal vez antes que el siglo XX, cuando muera, centenario y gastado, el último de los chinos que llegó a Cuba con la aspiración de enriquecerse y la obsesión de regresar a la patria, y no exista ya ningún paisano que se encargue de ponerle al cadáver un par de monedas en la boca y ordene que lo entierren con la cabeza mirando al sol naciente, para garantizarle un buen viaje al mundo del silencio y las utopías posibles.

No hay regreso para Mario

Cuando Mario Wong Kong llegó a Cuba, el 10 de octubre de 1923, acababa de cumplir 21 años y tenía un solo sueño en la mente: hacerse rico para regresar, en pocos años, a Toig Sang, su pueblito de Cantón donde lo esperaban su joven esposa y su pequeña hija, Can Diam.

Por eso Mario se fue al campo y se enroló en la zafra azucarera que comenzaba, atraído por la promesa de un sueldo respetable. Dos meses después, con unos pocos reales en el bolsillo y la columna vertebral en mal estado, Mario abandonó los rudos cortes de caña, pero no su inalterable propósito de ganar mucho dinero.

De regreso a La Habana comenzó a trabajar en la fonda de un paisano y, unos años más tarde, a pesar de su vida frugal, comprendió que como dependiente tampoco llegaría a reunir la ansiada fortuna.

Mario decidió montar entonces un tren de lavado, con la ayuda de un sobrino que había llegado a la isla algunos años antes. Así, una mañana de 1934, en la esquina habanera de San Cristóbal y Primelles, abría sus puertas un nuevo tren de lavado chino, con los siguientes precios: un pantalón (lavado, almidonado, planchado y entregado a domicilio): 30 centavos; una sábana: 15; una camisa: 10 centavos...

— Pero nunca llegué a reunir los cuatrocientos y pico de pesos que costaba el billete de regreso y menos todavía el dinero que necesitaba para hacer una nueva vida en China. Mi esposa, además, murió en el año 45, y después mi hija se fue a vivir al Canadá, donde se casó y tuvo dos hijos... Pero mi historia es la de muchos paisanos que vinimos a hacer fortuna y después de tanto trabajo nos encontramos con las manos vacías, sin familia y medio jorobados de tanto usar aquellas planchas de hierro calentadas con carbón. Es cierto que muchos regresaron, pero pocos pudieron volver con dinero.

— Mario, ¿y si ahora pudiera volver?

— Ya para qué... Aquí estoy bien. Hace cuatro años que vivo en el asilo y tengo lo que necesito para morirme tranquilo. Sólo quisiera recibir más a menudo alguna carta de mi hija Can Diam... La cara de aquella niña es el único recuerdo que me ata a China.

El nacimiento de un barrio

Apenas diez días después de la llegada del "Oquendo" con su carga de nuevos esclavos, la bahía de La Habana recibía un segundo cargamento de 365 chinos, salidos también de Amoy, a bordo del "Duke of Arguile". Estos hombres, oficialmente libres, eran contratados por la Junta de Fomento para que trabajaran en la isla —necesitada entonces de mano de obra para la industria azucarera, debido a las trabas que existían para la trata de negros— y traían firmado un documento que los obligaba a prestar servicios por ocho años.

A pesar de que casi la quinta parte de los culíes morían en la travesía, en 1853 ya habían entrado a Cuba más de 5 mil, y entre ese año y 1873 se importaron otros 132.435 chinos en condición de contratados. La inmensa mayoría de ellos eran hombres, pues, como lo demuestra el censo de 1861, había en aquel momento 34.834 varones de origen chino, y sólo 57 mujeres, traídas en su mayoría para la práctica del viejo oficio del amor rentado.

La importación de chinos se hubiera mantenido como un negocio floreciente durante algunos años más, de no ser por la visita a Cuba del mandarín Chin Lan Pin, quien llegó en 1874 con la encomienda imperial de conocer la situación de los culíes. Aunque el gobierno español y la burguesía criolla trataron de ocultar la verdadera situación de los contratados, Eça de Queiroz, quien luego sería el máximo exponente del realismo literario lusitano y que por entonces fungía como cónsul portugués en La Habana, mostró al enviado imperial las calamidades de la esclavitud que vivían sus compatriotas. Como resultado de esta visita se firmaba en 1877 un tratado entre España y China que suspendía legalmente la contratación... pero no la inmigración. Así, apenas terminado un capítulo oneroso, se abría otro similar en el que sólo faltaba el prescindible contrato por ocho años de trabajo.

Sin embargo, junto a este episodio se desarrollaba otro proceso como lógica consecuencia. A partir de 1855, algunos culíes que lograban liberarse del convenio firmado en 1847, pasaron a ser trabajadores libres. Aunque soñaban con el regreso a la patria, el fracaso económico de su empresa ("Lo engañaron como un chino manila", se dice en Cuba desde entonces), obligó a muchos inmigrantes a permanecer en la isla. Simultáneamente, y atraídos por ciertas facilidades para el comercio, comenzaron a llegar a Cuba, procedentes de California, Estados Unidos, algunos chinos con capital suficiente para devenir pequeños y medianos comerciantes.

Así, en 1858, en la calle Zanja, esquina a Rayo, justo donde luego estaría el mismo corazón del barrio chino habanero, Chung Leng, un asiático que tenía fama de ladino y portaba documentos que lo rebautizaban como Luis Pérez, abrió una pequeña casa de comidas chinas. Su ejemplo fue seguido por Lan Si Ye, nombrado Abraham Scull, quien inauguró también en la calle de Zanja un puesto de frituras, chicharrones y frutas. Poco después en la calle Monte abrió sus puertas la bodega de Chin Pan (Pedro Pla Tan), el tercer comerciante chino registrado en la historia de la isla.

A su modesta pero persistente manera, en los alrededores de las calles Zanja, Dragones, San Nicolás, Rayo, comenzaron a asentarse desde entonces una serie de chinos vendedores ambulantes de viandas, frutas, verduras, carne, prendas, quincallería, loza... Había nacido el barrio chino de La Habana.

De procer a santo, el viaje de San Fancón

La sociedad Lung Con Cun Sol, de Dragones 364, es una de las más importantes asociaciones patronímicas importadas por los inmigrantes chinos. Fundada, según la leyenda, por los cuatro hermanos guerreros Cuang Con, Lao Pei, Chui Chi Long y Chui Fei, durante la dinastía Han, a esta sociedad pertenecen sus descendientes, aquellos que llevan los apellidos Lao, Chang, Chion y Chui, y se le rinde adoración a los cuatro próceres fundadores.

En la segunda planta de esta cofradía familiar traída a Cuba con el siglo XX, existe el único altar erigido en la isla para venerar la memoria de los cuatro titanes mitológicos, pero especialmente al intrépido Cuang Con, El de las Barbas Rojas, quien entre sus muchas acciones heroicas tiene la señalada victoria de haber rescatado a las mujeres de su jefe y hermano, Lao Pei, secuestradas por el enemigo. Frente a este altar adquirido en Hong Kong en 1925, se festeja cada año la fecha del nacimiento de Cuang Con.

El retablo se divide en dos cuerpos: uno más alto, que vendría a ser el altar mayor del rito católico, hecho de madera trabajada con esmerados arabescos, que alberga la imagen dibujada de los cuatro próceres; y otro, que le sirve de soporte, semejante al ara católica, donde reposan los candelabros y pebeteros para el sándalo, sobre una impresionante reproducción en miniaturas de bronce de la vida en la corte imperial.

Sin embargo, lo más sorprende es encontrar en este altar la pista definitiva del inconcebible San Fancón: un santo iracundo, dueño del rojo y de la espada —como Santa Bárbara cristiana, como Shangó yoruba—, sin sitio en ningún santoral reconocido y jamás invocado por ningún señor del Vaticano, y que, no obstante, es nombrado y solicitado por algunas familias del campo cubano y por los chinos con larga residencia en la isla... El venerado guerrero Cuang Con resulta ser el arquetipo original de ese oscuro San Fancón que sólo existe en Cuba. Es alentador descubrir que el historial de este héroe mitológico chino no murió, entonces, al llegar al Caribe, y siguió vivo en la memoria de algunos exiliados sin fortuna, para saltar después hacia la simbiosis amulatada que nos define, quizás llevado por los actos amorosos de un chino y una negra de antepasados africanos, padres de un mulato de pelo duro y ojos rasgados. Con ellos Cuang Con se transformó en el irascible San Fancón, confundió sus atributos con los de Santa Bárbara y Shangó, y adquirió aquí nuevos e inesperados descendientes.

Todos los chinos sienten nostalgia

— Yo no creo en San Fancón, la verdad. Ni en ningún santo —admitió Francisco Cuang, con esa sonrisa permanente que saben dominar algunos asiáticos.

Francisco Cuang fungía como secretario de la Sociedad Lung Con Cun Sol, y luego de mostrarme el maravilloso altar, encendió un cigarro y se sentó a conversar con una locuacidad inusual entre los chinos. En el salón principal de la sociedad, aquel mediodía frío y lluvioso de febrero, otros paisanos jugaban un silencioso partido de dominó, mientras bebían un té fuerte y aromático.

— Yo también quise regresar a China —siguió Francisco. En el año 29 o 30 hice todo lo posible por conseguir el dinero del pasaje, pero nada, nunca pude, y creo que después nunca volví a intentarlo en serio. No fueron muchos los que pudieron regresar, y menos con dinero.

— ¿Y cuándo llegó a Cuba?

— En 1922, con 17 años, en el barco Presidente Cleveland. Yo vine porque mi padre había muerto, y aunque mi familia tenía algún dinero, mi

El viaje más largo

padrino, que había montado negocios aquí, decidió traerme. Gracias a él estuve un año estudiando español con un chino muy viejo que vivía aquí en el barrio y daba lecciones a los recién llegados. Pero desde que llegué, mi padrino me puso a trabajar en la quincalla La Ciudad de Cantón, y también vivía allí, en la trastienda, con cinco paisanos más... Después mi tío lo vendió todo y se fue, y yo salí para el interior y trabajé dos años en Cienfuegos, regresé a La Habana y trabajé en varias bodegas.

— ¿Y por qué usted escogió llamarse Francisco?

— Mi nombre chino es Cuang Ken Fu, pero al llegar me puse Venancio. Después cambié Venancio por Francisco, que me gusta más, y ahora me dicen Pancho.

— Francisco, ¿alguna vez se sintió solo?

— Sí, creo que sí.

— Pero nunca se casó...

— No, no quería responsabilidades y como pensaba volver a China, ¿para qué comprometerme?

— ¿Y ha sentido nostalgia?

— Todos los chinos sienten nostalgia.

Un rostro definitivo

Luego de la instalación de los primeros comerciantes, a finales de los años 50 del siglo pasado, el barrio chino de La Habana comenzó a crecer con una celeridad vertiginosa. No obstante, todavía eran muchos los culíes que no habían podido desprenderse de sus contratos o, ya libres, los que vivían en todo el país bajo un régimen de explotación similar a los del esclavo negro. No es casual, entonces, que como sus hermanos de infortunio, los chinos se sumaran desde el principio a la revolución independentista iniciada por Carlos Manuel de Céspedes el 10 de octubre de 1868.

Los tratantes de culíes habían cometido, entre otros, un error capital: junto a los desesperados agricultores del sur, habían aceptado, a bajo precio, una gran cantidad de prisioneros políticos procedentes del gran movimiento revolucionario chino Taipings, a quienes la nueva esclavitud no hizo más que mantenerles vivo el espíritu de rebeldía, para que se incorporaran, con sus compatriotas labradores, a la Guerra de Independencia cubana, con el mismo ardor que exhibieron en su lejana patria. Incontables fueron, desde entonces, las heroicidades de los mambises chinos que, en cantidades considerables, combatieron en aquella gesta, bajo las órdenes de los generales cubanos.

Mientras, el barrio chino que se formaba alrededor de la calle Zanja iba adquiriendo su definitivo espíritu de ciudad asiática en miniatura: entre 1867 y 1868 surgen las tres primeras sociedades de ayuda mutua y la primera de ellas Kit Yi Tong (La Unión), se propuso reunificar a todos los chinos de La Habana. Poco después se crean la Hen Yi Tong (Los Hermanos) y la Yi Seng Tong (Segunda Alianza), formada por los chinos Ja-Ka.

Hacia 1870 se hace evidente en La Habana la presencia de algunos "californianos", que llegan a la isla con capitales forjados en San Francisco. Así, en marzo de ese año abren la primera casa importadora de artículos de Asia. Sus dueños eran los banqueros Ley Weng, Youy Shan y Lan Ton. Al mes siguiente, en las esquina de Sol y Villegas se instala la casa Con San Tong, el segundo gran comercio chino, fundado con un capital de 50 mil pesos. Y cuatro años más tarde, en Dragones N°. 40, abre sus puertas el primer gran restaurante chino de La Habana, con manjares "asiáticos" inventados en San Francisco, pues los comerciantes sabían muy bien que sus auténticos platos de pescado seco y ahumado, arroz y vegetales verdes, sazonados con apio, jengibre y ajonjolí, y además huérfanos de sal, serían un fracaso para el gusto occidental. Se crean así las "comidas chinas" que se harían famosas en todo el mundo.

Desde aquella época comienza a producirse una evidente escisión entre los emigrantes chinos: mientras unos vienen con capital suficiente para instalarse directamente en la vida comercial del país, y traen consigo a sus familiares para alojarlos en casa propia, otros dependen sólo de sus manos para ganarse el sustento y viven en condiciones infrahumanas, arracimados en trastiendas o cuartos de solares, siempre sostenidos por un sueño que casi ninguno lograría realizar...

Los grandes sueños

En la década de 1870, cuando resulta palpable la existencia de un barrio chino en La Habana, llegan a la capital cubana, procedentes de San Francisco, California, cuatro empresarios chinos con cuatro mil pesos en los bolsillos y el proyecto de fomentar una sociedad para construir un teatro chino. Dos años después, el teatro abría sus puertas en la esquina de Zanja y San Nicolás.

Recuerda Antonio Chuffat, el primer historiador de los chinos en Cuba, que el escenario de este teatro "era caprichoso y raro, pues no se veían los músicos. Era una especie de tablado, todo cerrado, en forma de reducto octogonal donde se exhibían los muñecos que representaban los grandes sueños de la antigua leyenda china: la dinastía de Men, los antiguos próceres descendientes de Chon Wa, verdaderos chinos. El precio de la entrada era de dos reales fuertes".

A este teatro se unieron el Sun Yen, de Lealtad esquina a Reina, inaugurado en 1875; el Teatro Chino de Zanja, posteriormente convertido en el Teatro Shangai y dedicado a los géneros burlescos cubanos; y el que tal vez fuera el más importante de todos, el Kam Yen o Aguila de Oro, situado en Rayo Nº. 104.

En aquel entonces, interpretadas por actores chinos procedentes de California, los éxitos teatrales de esta dramaturgia fueron las óperas Shik Yan Kuey, cuya puesta en escena duraba ¡15 días!, y Shi Kong, que se representaba en 12 jornadas de cuatro horas cada una...

Un rito para iniciados

Cuando Ana Li escenifica su combate contra el león, cada músculo y cada nervio de su cuerpo vibran con la ancestral intensidad de un arte milenario cuya esencia última ha sido negada a los occidentales. Todo el misterio del mundo chino se alberga en su cuerpo breve y flexible, mientras el rostro contraído adquiere la gravedad de la lucha a muerte.

Hija de chinos, nacida en Cuba hace 55 años, Ana Li parece un raro superviviente de un rito para iniciados que es el teatro de sus mayores.

—Yo trabajé durante 24 años en el teatro chino. Comencé con la compañía Ko Seng, una de las cuatro que entonces existían, donde me inicié haciendo papeles de criada. Luego pasé a la compañía Koc Kun y ya interpreté roles protagónicos, como el doble papel de Mou Tai Ton, una obra donde hacía de hombre y de mujer y en la que además de batirme con el tigre, hacía una escena de casi dos horas en que yo sola cantaba y hablaba con otro personaje.

"Recuerdo que cada compañía tenía veintitantos integrantes, entre músicos y actores, y existía mucha rivalidad entre ellas. Nosotros trabajábamos una vez por semana, en El Águila de Oro y en El Pacífico, y ganábamos sólo $2,50 por función y eran obras de unas cuatro horas y a teatro siempre lleno.

"Mis papeles preferidos eran aquellos en que encarnaba un héroe (a veces un emperador) y debía escenificar combates con lanzas y varas. Aquí se exhibía toda la potencialidad del actor chino, que es el más completo del mundo, porque el simbolismo de este teatro te obliga a darlo todo con el cuerpo (apenas hay escenografía y el maquillaje es fundamental) y resulta imprescindible saber canto, acrobacia, danza, pantomima, actuación y artes marciales.

"Cuando no trabajábamos en La Habana hacíamos giras por el interior, y actuábamos en las sociedades chinas de Santiago de Cuba, Morón, Camagüey, donde salíamos mejor, pues se ganaba más y nos hacían muchos regalos. Sobre todo joyas de jade, que es el mejor obsequio que se le puede dar a una actriz.

"Cuando empezó la decadencia del barrio y se desintegraron las compañías, nunca más pensé en la posibilidad de trabajar con un grupo cubano, a pesar de que soy muy cubana. Es que mi formación es completamente distinta. Pero siempre he recordado con nostalgia el reconocimiento y la fama de mi época de actriz y más de una noche he soñado que estoy en el escenario, y me veo vestida con aquellos trajes largos, brillantes, maravillosos...".

La última disyuntiva

Al despertar el siglo XX, Zanja se llenaba, cada mañana, del arrítmico chirrido de las carretillas de los verduleros chinos que prometían vender más barato que nadie. Los puestos de frituras hacían sonar la manteca hirviente que doraba las majúas y los bollitos de caritas, mientras que el dulcero chino, con su diminuto establecimiento a cuestas, salía a probar su pobre fortuna ambulante.

El barrio, donde vivían alrededor de 10 mil chinos, se había hecho autosuficiente: sociedades, comercios de todo tipo, teatros, casas de juego y fumaderos de opio, periódicos, farmacias, prostíbulos y funerarias propias, garantizaban la satisfacción de todas las necesidades y apetitos. Incluso, a finales del siglo XIX, y gracias a las gestiones de los cónsules Lin Liang Yuang y Tan Kim Cho, los chinos contaban con un cementerio donde reposar con la cabeza apuntando al este.

Pero los chinos seguían siendo una estirpe mal vista y segregada en una sociedad que los ubicaba en el fondo de su estratificación, y desde 1902, con la Orden Militar 155 del gobernador norteamericano Leonard Wood, la nueva república comenzó a poner frenos a la abundante emigración asiática.

Mientras en 1899 existían casi 15 mil chinos en Cuba (de los cuales sólo 49 eran mujeres), en 1907 apenas quedan 11.837 y, pese a la entrada irregular de braceros, doce años después la cifra disminuyó a 10.300. En cambio, durante los años 20, entre leyes que se alternaban para admitir o prohibir la entrada de chinos en Cuba, su produjo la última gran inmigración y, hacia 1930, la colonia contaba con más de 24 mil almas... En esta gran ola, que se extiende hasta la década del 40, vinieron los chinos que hoy, ancianos y tranquilos, se sientan en las sociedades del barrio a recordar el terruño, mientras hilvanan interminables partidos de dominó.

Veinte años después de ese último crecimiento, con el triunfo de la Revolución surgió la última disyuntiva para el barrio chino de La Habana pues, con las nuevas leyes dirigidas contra la propiedad privada, se produce el éxodo de los comerciantes chinos que ven sus intereses afectados, y también el de otros emigrados que habían llegado a Cuba huyendo del fantasma del comunismo y ahora los sorprendía, donde menos lo esperaban... Detenida desde entonces la inmigración y ejecutada la diáspora de descontentos, el barrio entró así en su última etapa vital: la que existirá mientras dure la vida de los inmigrantes que vinieron a Cuba a trabajar y soñaron con el imposible regreso a la patria, pero debieron hacer de la isla su segunda y definitiva tierra.

El viaje más largo

Un sabio y antiguo proverbio chino asegura que "El viaje más largo empieza con el primer paso". Hace ya un siglo y medio se dio el primer paso de esta larga historia de desarraigos que se ha convertido, también, en la historia de una convivencia, de una presencia activa y constante del chino en la vida cubana.

Para siempre han quedado aquí los monosílabos y sonoros apellidos, los gustos culinarios, los ojos rasgados y ágiles llegados con esta migración que vino a entregar una cara más al prisma de la nacionalidad cubana. Los chinos son ya parte de nosotros.

Sin embargo, la esencia última de estos hombres sigue siendo un misterio, velado por una cortina tenue e infranqueable, hecha de aromático humo de sándalo. Algo hay, más allá, que los chinos siempre reservan, como el preciado tesoro de su identidad. Algo existe, milenario y muy asiático, que han sabido guardar con celo incorruptible y que se irá con ellos, tan misteriosamente como vino...

Y en el barrio chino de La Habana vive todavía ese enigma, guardado en el corazón de unos emigrantes sin retorno, nuestros hermanos durante tantos años. Allí vive, todavía, ese misterio ancestral y magnético, porque aún no se ha dado el último paso del viaje más largo.

1987

Un imperio entre las nubes
La aventura cafetalera de los franceses en la gran piedra

La Gran Piedra es una roca maciza y pelona que, desde hace siglos, obliga a los viajeros a hacerse la misma pregunta: ¿Cómo llegó hasta aquí? ¿Quién la puso en tan perfecto equilibrio? La Gran Piedra, en el corazón de la Sierra Maestra y apenas a 40 kilómetros de Santiago de Cuba, sigue siendo una interrogación perenne, porque la lógica más racional se niega a concebir que este monolito gigantesco haya estado aquí desde siempre, guardando equilibrio sobre una montaña. Su estructura, tan diferente a la de esa elevación sobre la que se acomodó cierto día, hace imaginar un largo viaje, seguramente imposible, en las garras de algún potente reptil volador.

Desde el privilegiado mirador que conforma la Gran Piedra, se observa, ciertas mañanas despejadas, un panorama envidiable. Aquí donde las nubes pueden tocarse con las manos, en las mañanas más claras es posible ver el humo lejano de Santiago de Cuba, las laderas afiladas de las montañas que envuelven la ciudad y, más allá, el perfil remoto del Mar Caribe... Quizás fue también una mañana limpia, hace casi dos siglos, cuando dos hombres esenciales para el futuro de esta cordillera subieron por primera vez sobre el lomo entonces virgen de la piedra gigante. Y el panorama que vieron fue bien distinto: contemplaron un bosque tupido que ya no existe, oyeron los trinos de unos pájaros que volaron de aquí hace mucho tiempo, sintieron la carrera fatigada de algún mamífero montaraz, ahora agotado y perdido, quizás para siempre.

Aquella mañana límpida, en los albores mismos del siglo XIX, el coronel Sebastián Kindelán O'Regan, caballero del hábito de Santiago y Gobernador del Distrito Oriental de la siempre fiel isla de Cuba, y su nuevo amigo, el emigrado francés Prudencio Cassimajour, observaron como gavilanes el impresionante mundo que se extendía a sus pies. En sus detalles, la conversación entre aquellos dos hombres se perdió para la historia, aunque la propia historia se encargó de revelar el tema: Kindelán y Casamayor —como después se llamaría aquel colono que milagrosamente logró escapar del revuelto Haití— pactaron el destino de aquellas tierras nunca antes valoradas. Y firmaron un trato: Kindelán sería el apoyo político y Cassimajour el ejecutor económico del ambicioso proyecto de hacer feraces las montañas orientales de Cuba.

En paz descanse, Casamayor

Juan Bautista Sagarra se sentía a sus anchas aquella noche del 11 de junio de 1842. Lo mejor de la pujante burguesía santiaguera se hallaba reunido en el salón principal de la Real Sociedad Económica de Amigos del País, y Sagarra estaba convencido de que el discurso que les lanzaría iba a ser recordado como una pieza mayor de la oratoria fúnebre. Con su sapiencia y cultura de hombre ilustrado y con infinito celo había seleccionado los numerosos adjetivos que sazonaban aquellas palabras, pues el finado merecía una despedida al nivel de su paso por la vida: Don Prudencio Casamayor y Forcade, el vasco francés que había llegado a Cuba antes que el siglo XIX, siempre voló alto y murió en la cúspide, con los bolsillos desbordados de dinero.

Sagarra había preparado con esmero aquel elogio mortuorio, pues sabía que los otros franceses de la Sociedad vieron en Casamayor a su jefe indiscutible. Los criollos y los españoles, por su parte, debieron admitir sin remedio que Don Prudencio era de la estirpe del rey Midas y admiraban en él la capacidad de hacer dinero y más dinero.

Juan Bautista Sagarra ocupó al fin la tribuna, se ajustó los quevedos y miró como en trance al selecto auditorio:

— En medio del entusiasmo con que seguimos la marcha patriótica que hemos emprendido (...) un hecho lamentable ha venido a perturbar nuestro gozo y a derramar en nuestros corazones un agudo desconsuelo (...) que nos ha separado esta noche de nuestras tareas, para cumplir uno de los más tristes pero también de los más justos deberes (...): honrar la memoria de uno de nuestros más caros amigos, que la muerte acaba de arrebatar: Don Prudencio Casamayor.

El viaje más largo

Los días de Casamayor (I)

Prudencio Cassimajour no era un hombre fácil para el llanto. De la dura estirpe de los vascos, en su sangre se mezclaban la furia de la raza española aportada por su madre y la tenacidad francesa propia de su progenitor. Pero aquella noche de 1797, mientras veía arder la fortuna que constituía sus esfuerzos de 20 años luchando con esclavos y soportando el inclemente sol haitiano, sintió que dos lágrimas corrían por sus abultados carrillos. Su sueño de regresar a Francia, rico y poderoso, antes de cumplir los 40 años, se venía abajo junto con toda la riqueza de aquella colonia antillana que, poco tiempo atrás, fuera la fuente del café y el azúcar de casi todo el mundo occidental. Vestido con la bata de dormir que llevaba cuando lo despertó el calor del fuego, aquel hombre repentinamente arruinado tomó rumbo a Port-au-Prince, dispuesto a abordar el primer barco que lo sacara para siempre de aquella isla rebelde. No le importaba el rumbo: sólo quería salir de Saint-Domingue.

Sin embargo, como lo demostraría muchas otras veces en su larga vida, Cassimajour era también un hombre hecho para explotar las oportunidades, y quiso su indestructible buena suerte que el primer barco que fondeó en el alborotado puerto fuera el de sus amigos Pierre y Jean Laffite, dedicados por ese entonces al ventajoso negocio de transportar franceses hacia la vecina ciudad de Santiago de Cuba. Durante la breve travesía, los hermanos navegantes le explicaron al colono arruinado su próxima aventura: se dedicarían a la piratería y el contrabando, y necesitaban un socio que se encargara de la recepción y venta de las mercancías en la apartada Baracoa, la villa más antigua de la isla de Cuba.

Así, un día de 1797, los baracoenses vieron llegar un robusto y mofletudo francés, de 34 años, que buscaba una casa en venta, con condiciones para almacenar muchas mercancías.

Franceses en Santiago

Al despertar el siglo XIX, Santiago de Cuba se había convertido en el principal refugio de los colonos franceses expulsados de Saint-Domingue

37

por la revolución que desataron sus antiguos esclavos. Desde 1791 había comenzado aquella migración que tuvo sus grandes oleadas en 1793-95, 1798, 1801 y 1802, cuando el emperador negro Dessalines proclamó el exterminio de todos los franceses y sus descendientes que permanecieran en territorio haitiano.

Cada semana el puerto de Santiago había visto llegar nuevos cargamentos de colonos famélicos, muchos de los cuales lograron salvar, como única propiedad, algunos de sus esclavos. La presencia francesa en la ciudad se empezó a sentir desde entonces con un peso indiscutible: según el padrón de 1808, de los 33.881 habitantes de la ciudad, 7.449 (el 22%) eran de origen franco-haitiano.

Mientras algunos emigrantes permanecían en la ciudad y formaban su propio barrio en la Loma Hueca, otros —que habían conseguido escapar con algún capital— invirtieron rápidamente en la agricultura y el comercio, y los frutos de su empeño saltaron a la luz como una acusación a la abulia hispana: hacia 1805 la producción de café había crecido en diez veces, y la de azúcar de 8 mil a 300 mil arrobas...

Los días de Casamayor (II)

Sagarra respiró, miró un instante al auditorio y continuó: "Pero sin duda su genio emprendedor estaba acotado en Baracoa y por eso se trasladó a Santiago de Cuba, donde en el año 1800 abrió su casa de comercio, la más fuerte y relacionada que entonces existió. Veámosle ya aquí, considerándose y considerándole todos un verdadero ciudadano español; como un hombre identificado con el país, que no lo adoptó por hacer sus negocios, sino por una simpatía irresistible, de que tantas pruebas dio posteriormente"...

En tan poco tiempo Prudencio Cassimajour hizo tanto dinero que decidió suspender su trato con Pierre y Jean Laffite porque sentía que la vida se le iba en la paz enervante de Baracoa. Entonces embolsó su capital y tomó un barco de cabotaje que cumplía la travesía hasta Santiago de Cuba.

Al llegar a la ciudad quedó pasmado con la vida miserable y ruinosa que llevaban sus compatriotas en el exilio. Los franco-haitianos vivían en su propio barrio y en la calle del Gallo —rebautizada por ellos como la Grande Rue— donde se levantaban comercios franceses de todo tipo, con la esperanza de hacer nuevas fortunas. En la altura de la Loma Hueca se habían inaugurado escuelas de música, baile y bordado, y para su propio solaz y el de los santiagueros adictos a la cultura gala, construyeron un laberinto y un teatro de techo de guano nombrado El Tívoli. Muchos santiagueros, a estas alturas, ya vivían, comían, bailaban y hacían el amor "a la francesa".

Pocos días después Cassimajour había contactado con algunos emigrantes que lograron salvar parte de sus fortunas y les propuso invertir sus capitales en la fertilísima y abundante tierra cubana. De aquella conversación nació un consorcio, presidido por él y compuesto por otros nueve franceses, que emprendería la compra del valle de Santa Catalina y el cultivo de algodón y caña de azúcar en aquellas tierras.

Sin embargo, el emigrante francés apuntaba más alto aún. En sus viajes de reconocimiento a las montañas orientales —tan parecidas para él al macizo central haitiano— descubrió que aquellas lomas olvidadas y umbrías presentaban la topografía ideal para la plantación de cafetos y se propuso efectuar la compra de las mejores tierras. El único freno que entonces tenía era su procedencia francesa, mal vista por los patriarcas santiagueros de la época y por las autoridades coloniales españolas. Pero, en el poco tiempo que llevaba viviendo en Santiago, Cassimajour se las había arreglado para establecer vínculos oficiales —como traductor y representante de sus compatriotas— con el coronel Sebastián Kindelán, gobernador del distrito oriental de la colonia, a quien sabía —y eso era bastante— admirador de las ambiciones incontenibles de Napoleón Bonaparte.

Pero Prudencio Cassimajour decidió esperar la ocasión de envolver a Kindelán en su gran proyecto. Y la suerte, como siempre, vino en su auxilio cuando una noche de 1803 recibió en su casa de Santiago a los hermanos Laffite, sus antiguos compinches, a quienes la ruptura de relaciones entre Francia e Inglaterra les había otorgado la categoría de corsarios imperiales. Luego de bajar varias botellas de vino, Pierre Laffite, con su voz afeminada de siempre, le contó a Cassimajour que un prisionero inglés, torturado por él personalmente, le había revelado que las tropas británicas se disponían a lanzar una invasión contra Baracoa, para establecer allí una nueva colonia de la pérfida Albión. Prudencio Cassimajour, que comprendió al

Leonardo Padura

instante el valor de cambio que tenía aquella información, le dio un beso en la frente al más dulce y sanguinario de los hermanos Laffite.

Y una límpida mañana de 1803, luego de informarle al gobernador de Santiago el proyecto inglés, Prudencio Cassimajour, con los ojos perdidos en la inmensidad de la montaña, calculó que a seis pesos la caballería, según el generosísimo precio que le propusiera su amigo Kindelán, podría adueñarse de todas las tierras que abarcaban sus claras pupilas de halcón hambriento: allí nacería su imperio.

De Cassimajour a Casamayor

La victoria de las armas españolas en Baracoa se convirtió, también, en la victoria del colono Prudencio Cassimajour, que vio nacer y crecer, en poquísimos años, un dominio que jamás soñó tener en el revuelto Haití que lo había expulsado con los bolsillos vacíos... Gracias a la noticia del plan invasor inglés, vendida a Kindelán, Cassimajour se hizo propietario de los terrenos realengos que existían en las inmediaciones del Cobre, adquirió tierras en el Hato de Barajagua, en los corrales de Hongolosongo y Dos Palmas, y se adueñó también de las mejores laderas y valles de la cordillera de la Gran Piedra, donde creó parcelas de diez caballerías que arrendaba a uno o varios colonos franceses para la plantación de café. Con ello, había garantizado su futuro.

Pero a su socio Sebastián Kindelán, el gobernador santiaguero, las cosas no le van del mismo modo. Cuando la Junta de Sevilla le declara la guerra a la Francia napoleónica, el coronel es acusado de haber permitido la libre participación de los emigrados franceses en el comercio, la pesca y la agricultura de la región. La ciudad se llenó en pocos días de pasquines que lo señalaban como admirador de Bonaparte, e incluso, de haber recibido el cordón de la Legión de Honor, enviado por el mismísimo emperador.

La furia de los santiagueros, envidiosos del éxito ajeno, se extendió entonces a los mismos franceses a quienes antes habían recibido con tanto júbilo. El barrio de la Loma Hueca fue escenario de actos violentos que llegaron a la quema de algunas casas y negocios. Hasta el respetado Prudencio Cassimajour, el prominente comerciante, dueño de la casa impor-

40

El viaje más largo

tadora "más fuerte y reclamada que entonces existió", es insultado en su propia morada por un grupo de marinos españoles.

La xenofobia desatada en Santiago adquiría ribetes de rebeldía y el gobernador de la isla decidió al fin, el 1 de abril de 1809, la expulsión de los franceses que no estuvieran domiciliados con carta expedida por su oficina. Prudencio Cassimajour, que nunca se preocupó por ese trámite que consideró obsoleto, se vio repentinamente al borde de un nuevo exilio. Pero su amigo Kindelán, en un acto fidelidad, consiguió con fecha del 15 de abril y con la brillante rúbrica del Capitán General de la isla, la carta de ciudadanía a favor de Prudencio Casamayor y Forcade, vecino de Santiago de Cuba.

Muchos años después, en enero de 1823, cuando Kindelán pudo regresar nuevamente a Santiago, lo esperaban a él y a su esposa, Doña Ana Mozo de la Torre, un magnífico regalo: el gigantesco cafetal El Olimpo, rodeado de nubes y con más de 30 caballerías bien sembradas, cien esclavos y una producción anual de 3 mil quintales. Ahora el cafetal aparecía en los registros de propiedad a nombre de Madame Kindelán, cedido por Prudencio Casamayor.

Diáspora y retorno

Entre 1809 y 1815 la mayoría de los colonos franco-haitianos asentados en Cuba cumplen un nuevo destierro, esta vez en Nueva Orleans. Buena parte de los 200 cafetales levantados en la Sierra quedan virtualmente abandonados, pero las propiedades se salvan de la anunciada confiscación, pues muchas pertenecen al súbdito español Prudencio Casamayor, a alguna de sus sociedades, o finalmente fueron compradas por él.

Al regresar los colonos de Norteamérica se encuentran los cafetales listos para asaltar el mercado que Haití ha dejado vacante. Así, entre 1815 y 1820, una vez finalizada la guerra europea, los precios del café suben estrepitosamente y llegan a quintuplicarse. Surgen entonces nuevos y mayores cafetales en las montañas —entre ellos El Olimpo, casi tres veces mayor que las estancias promedio—, se tecnifica la producción con el empleo de agua, y los franceses hacen tal fortuna que resisten tranquilamente la crisis de precios de 1828-30.

La presencia francesa en la cordillera de La Gran Piedra era ya una realidad palpable y, al fin, inamovible. Con el auge de los cafetales había surgido también un mundo nuevo, desconocido para los colonos peninsulares y criollos. Aquellos franceses que sobre las espaldas de los esclavos lograron realizar un verdadero milagro económico en la pequeña Saint-Domingue, eran hombres que, sin embargo, temblaban escuchando una sonata bien ejecutada o desesperaban al saber que algún conocido había recibido la última novedad del prolífico Honoré de Balzac.

Y aquellas montañas, hasta poco antes despobladas e inhóspitas, vieron un día llegar un piano de cola y conocieron el sonido de un vals. Otra mañana vieron aparecer, a lomo de mula, al primer profesor de pintura que transitaba aquellos parajes, portador de los títulos obtenidos en París, y, tras él, vinieron los maestros de canto, de urbanidad y de violín, las profesoras de bordado, literatura y latín.

Las viviendas de cada estancia cafetalera se convirtieron entonces en focos culturales donde se reunían los vecinos más cercanos para saborear vinos de Burdeos, comentar las novelas de Hugo y Dumas, y escuchar las ejecuciones de una orquesta de cámara formada por un selecto grupo de mademoiselles.

Solo el enigmático y bizco monsieur Victor Constantin faltaba a las reuniones que, cada semana, se realizaban en La Idalia, La Favorita, La Siberia. El dueño de La Isabelica prefería pasar sus noches disfrutando de los favores de Isabel María, la esclava con la que, desde los lejanos tiempos de Haití, había compartido su suerte y su cama con la tranquilidad de una esposa reconocida y, sobre todo, insustituible en el acto privado del amor.

Los días de Casamayor (III)

Juan Bautista Sagarra había llegado al punto culminante de su discurso. El auditorio reunido en la sala de actos de la Real Sociedad Económica de Amigos del País de Santiago, parecía atrapado por su verborrea, que se encargaba ahora de enunciar los resultados prácticos de las virtudes comerciales del colono muerto unos días antes.

— Paréceme, señores —dijo, con los ojos dramáticamente entornados—, que estoy viendo al venerable anciano, vestido cual hombre de campo; un alfanje a la cintura; el teodolito en una mano y el jalón en la otra; trepando que no subiendo por aquellas sierras (...). Los pingües cafetales Los Limones, Sierra Maestra, El Ramón, Demajayabo, recordarán eternamente al cubano agradecido, al memorable extranjero a quien deben su existencia provechosa.

En las tardes de verano, cuando el sol santiaguero se tornaba implacable, Prudencio Casamayor solía sentarse en el umbroso patio interior de su casa y recibía allí a políticos y comerciantes necesitados de sus favores. Su tema de conversación favorito no era ya la gloria del vencido Bonaparte, sino el de las más sólidas y cuantiosas fortunas de la ciudad. A cada visitante le preguntaba quiénes eran los hombres más ricos de Santiago y a cuánto ascendían sus capitales. Y poco a poco Casamayor comprobó cómo su fortuna iba derrotando a la más antiguas y poderosas de la región, y una tarde el presidente de la Sociedad Económica de Amigos del País le confesó que justamente él, don Prudencio Casamayor, debía ser el hombre más rico de la ciudad: sus negocios, sus gigantescos cafetales, sus ingenios azucareros, los dividendos que le reportaban las minas de cobre revitalizadas por los ingleses, le reportaban una fortuna inalcanzable por los otros moradores de la villa.

Sólo entonces, cuando alcanzaba los 70 años, "el venerable anciano, el patriarca de la agricultura cubana", se entregó en cuerpo y alma a su frustrada vocación de niño pobre: se haría ingeniero de caminos, tal como soñó ser en sus días idílicos de Sauve-Terre, aquella localidad remota de los Pirineos donde había nacido. Desde entonces se dedicó a planear y construir los numerosos caminos que necesitaba la cada vez mayor producción cafetalera de las montañas. Así, gracias a su empeño y habilidad, los trillos se ensancharon y rectificaron, para que una verdadera red de caminos, que facilitaba el tránsito y acortaba las distancias, apareciera en las montañas... Su obra mayor de ingeniería fue, sin embargo, la construcción de la nueva carretera de El Cobre, donde planeó y construyó un camino recto y plano, que ahorraba un cuarto de la distancia que antes necesitaban recorrer los camellos que entonces transportaban el cobre hasta la bahía santiaguera.

Cuando llueve café

Hacia 1840 el imperio francés de la Gran Piedra había llegado a su clímax. Más de 600 cafetales inundaban las serranías y la producción había alcanzado cifras espectaculares, que nada recordaban aquellos años anteriores a la llegada de los colonos franco-haitianos, cuando el café era una bebida prácticamente desconocida en Cuba. Ahora, beberlo, era ya una necesidad para el gusto de los habitantes de la isla, que también se habían aficionado a la contradanza francesa y a la literatura que se escribía en París.

El café se había convertido así, gracias a los franco-haitianos, en una de las fuentes de riqueza de la isla... La gran obra de Prudencio Casamayor estaba realizada. Así pudo morir tranquilo, en 1842, sabiéndose el hombre más rico de la ciudad de Santiago de Cuba.

— Mas estaba ya Casamayor en el ocaso de su vida y debía ésta terminar; pero terminar del modo que ordinariamente muere el hombre útil y de conciencia tranquila. Ocupado en los quehaceres de su hacienda predilecta fue asaltado del mal que nos lo arrebató en sólo tres días de enfermedad... Así murió el hombre que supo labrarse una cuantiosa fortuna con el trabajo y la economía, concluyó Juan Bautista Sagarra y, autoemocionado por la belleza de sus palabras, dejó que una lágrima corriera por sus mejillas.

La corona del imperio había caído, para siempre, de la testa del hombre que la llevara con toda dignidad, del emigrante pobre que fuera pirata, espía, fino oportunista, agricultor, comerciante, ingeniero de caminos y genial especulador, hasta convertirse en el más rico de Santiago de Cuba.

En paz descanse

La muerte de Casamayor parecía ser la oportunidad que el destino, vengativo, esperaba para lanzar su maldición sobre el imperio cafetalero francés. Una abrupta baja de precios se unió a la imprevista negociación de los norteamericanos con los productores brasileños y cortó, de pronto, la exportación de café cubano hacia los Estados Unidos. De los 604 cafetales que existían cuando murió Casamayor, sólo 510 sobrevivían cuatro años después y, en 1861, apenas sobrepasaban los 400.

Pero un nuevo y definitivo golpe, similar al que recibiera en Haití 70 años antes, pondría punto final al sueño de los franceses. La guerra de independencia de los cubanos contra España, que tuvo en las tierras orientales su principal escenario por aquellos tiempos, arrasó con la economía agrícola de la región y los franceses sufrieron el rigor de la devastación que provocó una guerra de diez años. De este nuevo embate sólo sobrevivieron algunas fincas cafetaleras, como restos sollozantes del imperio magnífico que un día soñó y vio Prudencio Cassimajour desde el lomo de La Gran Piedra.

De aquel mundo maravilloso y pujante que se levantó pensando en la eternidad, quedan hoy, apenas, los restos de las sólidas construcciones de piedra, y una melodía tenue, imperecedera, que se desgaja de un piano que, ciertas mañanas despejadas, se puede escuchar desde la cúspide magnífica de una piedra gigante, extraña y misteriosa, que por caminos desconocidos llegó hasta el corazón de la Sierra Maestra.

1987

EL ROMANCE DE ANGERONA
La leyenda y la historia de infinito amor de un alemán rosado y una negra haitiana que hicieron fructificar el cafetal más rico de Cuba: Angerona...

La tarde en que el alemán Cornelio Souchay iba a morir, Úrsula Lambert se bañó más temprano que otras veces, hizo un par de anotaciones en los libros de su negocio y se sentó en el portal de su tienda, dispuesta a esperar la irreversible noticia que había presentido en el hígado moteado del gallo negro sacrificado ese mediodía. Mientras el alemán agonizaba en una casa del lejano Jesús del Monte, Úrsula Lambert, la discreta, emprendedora y enamorada mujer que lo había conducido por el camino del éxito, respiraba la brisa suave de aquel largo crepúsculo de junio y dejaba vagar sus ojos húmedos por la exuberante magnificencia del cafetal que, entre los dos, habían conseguido levantar.

Úrsula estaba ansiosa y ni siquiera tenía oídos para la música del arpa eólica que, por su iniciativa, Cornelio había aceptado colocar en el fondo de la casa principal de la estancia. En ese instante la mujer sólo pensaba en las veleidades de un destino que la había arrojado de la hacienda paterna de El Cabo, allá en la perdida Saint-Domingue, donde solía sentarse, las tardes como ésta, para dejar que el aire acariciara su piel, entonces muy joven y siempre perfumada de lavanda francesa, mientras le alborotaba los infinitos vuelos y encajes de las suaves batas de hilo que, durante toda su vida, prefirió a los demás atavíos. Porque, a pesar de la ruina y el exilio al que la había arrojado la devastadora revolución de los esclavos haitianos, ella se las arregló para mantenerse elegante y distinguida, fiel a su costumbre de vestir, cada día del año, una bata de hilo diferente. Su ajuar se componía, exactamente, de 366 vestidos, previniendo que, cada cuatro años, febrero venía un poco más largo.

Pero Úrsula Lambert estaba convencida de que ésa era una tarde especial y trágica, y decidió soltar las amarras de sus recuerdos. Entonces se vio en las calles de La Habana, otra tarde, pero de 1809, cuando conoció a aquel hombre rubio y gigantesco que trató de comérsela con los ojos. Cornelio Souchay, el alemán que había llegado a Cuba dos años antes con el irreversible propósito de ser el primer millonario de su familia, no podía evitar que el deseo le erizara hasta el último pelo del cuerpo cada vez que veía a una morena hermosa: y Úrsula Lambert era la negra más bella, distinguida, apetitosa y mejor perfumada de San Cristóbal de La Habana.

Sin embargo, no fue Cornelio Souchay el único que sintió una desazón especial ese día. Úrsula también comprendió, sólo de verlo, que aquel gigante rosado que se sorprendió al oírla devolver las buenas tardes en alemán, podía ser el hombre que siempre había buscado para saciar sus voraces apetitos y que al fin las potencias africanas de sus antepasados le ponían en el camino y al alcance de la mano.

Por eso Úrsula Lambert no se pudo contener y lloró, por primera vez en su vida, aquella tarde nefasta del 13 de junio de 1837, cuando escuchó que el arpa eólica de la casa principal hacía un insólito silencio en su interminable sinfonía, a pesar de la brisa que trataba de excitarla. La mujer supo, como si alguien se lo hubiera dicho al oído, que la agonía de su amado Cornelio Souchay había terminado y terminaba también el romance de Angerona, una intrépida novela de amor y trabajo que engendró el cafetal más rico de Cuba.

Lo que jamás supo Úrsula Lambert fue que, con su último suspiro, Cornelio Souchay lanzó una frase que el cura acompañante olvidó porque no la pudo comprender: "Roble de olor", dijo y murió.

La voz de Angerona

Úrsula y Cornelio se amaron desde el primer día con la furia de un amor imposible y clandestino. La piel rosada del alemán y el cuerpo nigérrimo y brillante de la haitiana, sólo podían unirse, libre y repetidamente, en la intimidad de la alcoba.

Por aquel entonces Cornelio Souchay era uno de los muchos alemanes que se habían lanzado a la conquista del Nuevo Mundo. Oriundo de Lübeck, cuna de comerciantes afortunados, un día de 1804 Souchay tomó en Bremen un barco que lo llevó hasta las costas norteamericanas. Durante tres años su vida se desarrolló entre Baltimore y Filadelfia, pero la riqueza se mantuvo alejada de sus manos. En Baltimore, sin embargo, Souchay había visto por primera vez una negra de carne y hueso, y tuvo la certeza, desde ese momento, de que su corazón sólo latiría con el ritmo más desbocado en los brazos de una mujer de piel oscura.

En 1807, atraído por los rumores de las riquezas por explotar que existían en Cuba, el joven alemán desembarcó en La Habana y gracias a sus conocimientos comerciales y buen uso del español y el inglés, ingresó como simple empleado de la renombrada casa comercial de Antonio de Frías y Gutiérrez de Padilla, conde consorte de Pozos Dulces, dueño de la estancia El Vedado y futuro suegro de Narciso López.

En pocos años las ambiciones y habilidades como especulador de Souchay —que conocieron un impulso benéfico cuando Úrsula Lambert lo dejó disfrutar libremente de su cuerpo, a razón de tres veces por día—, lo convirtieron en socio anónimo de Antonio Frías y Compañía, consorcio que se mantuvo en secreto hasta 1820, cuando fue reconocido en una escritura. La compañía, que se prestaba para "todas las operaciones lícitas de comercio", creció en aquellos años, al parecer gracias a la importación de harina de los Estados Unidos. Pero lo que nunca registraron los libros de Frías y Compañía fue que su abundante capital se debía, en realidad, a la trata lícita e ilícita de esclavos africanos, tan caros en esa época. En verdad ellos eran los segundos negreros de Cuba.

Los negocios prosperaban y la casa de Antonio Frías también. Incluso, nuevos socios vertieron allí su capital y, sucesivamente, la firma se llamó Frías, Gutiérrez, Morlan y Compañía y Frías, Morlan y Compañía. Compañía, por supuesto, era el alemán Cornelio Souchay, dueño, en un momento, del 25 por ciento de las abultadas acciones de la sociedad, pero que prefería esconder su nombre ante los cíclicos ataques de xenofobia del gobierno español.

Úrsula Lambert, mientras tanto, mantenía en pie su pequeño y próspero comercio habanero, fomentado con el capital que pudo sacar de Saint-Domingue. Por eso, en su bañadera nunca faltaron los mejores perfumes franceses y aceites persas. Esos gustos, y hacerle el amor a su gigante rosado, eran las satisfacciones de la morena Lambert, hasta el día en que

Souchay le dijo que tenía dinero suficiente para lanzarse a alguna empresa mayor. Y sin pensarlo dos veces Úrsula le dijo: "Compra tierras, compra tierras y siembra café, que es el negocio de estos años". Para su fortuna, Cornelio Souchay obedeció a la experimentada mujer, que le habló de los magníficos cafetales arruinados por la revolución haitiana y le explicó la garantía que representaba su cultivo.

En 1813, a un precio de 14 mil pesos, pagados en varios plazos, Cornelio Souchay le compró a Blasa María Bosmeniel una finca de 16 y un quinto de caballerías, ubicada en el corral de Cayajabos, a la entrada de Vuelta Abajo, en el occidente de la isla. Había decidido convertir aquellas tierras, antes dedicadas a la caña, en un buen cafetal y ahora sólo le faltaba el nombre de la estancia.

Úrsula Lambert, cuando oyó los resultados del negocio cerrado por su amante, se puso de pie en la bañadera, se echó una toalla por los hombros y se llevó un dedo a los labios. Parecía una escultura de ébano.

— Angerona —dijo la morena. Ponle al cafetal Angerona, porque el silencio ha de ser tu divisa.

— Roble de olor —dijo Souchay.

Silencio y fertilidad

Angerona, la diosa latina del silencio y la fertilidad de los campos, presidió desde entonces aquel cafetal que estaba destinado a ser el más grande de Vuelta Abajo, primero, y de toda Cuba, después.

Cornelio Souchay y Úrsula Lambert se habían entregado con una pasión enfermiza a la tarea de levantar aquel dominio. Mientras el alemán se encargaba de las compras de las nuevas tierras (en 1818 adquirió 11 caballerías más), la construcción de la casa y el saneamiento financiero de los negocios, la morena se responsabilizó con la organización interna del cafetal. Fue Úrsula Lambert, con su experiencia haitiana, quien concibió una enfermería para los esclavos, un limpio y soleado corral para la crianza de los niños nacidos en el barracón; quien organizó los almacenes y la cocina y quien contrató y despidió a los mayorales que se encargaron directamente de la producción. Además, como Souchay era de la teoría que si los .

esclavos recibían un pequeño salario serían más productivos, Úrsula abrió en Angerona una casa comercial donde —según el viajero norteamericano Abiel Abbot— vendía "telas baratas y vistosas; vestidos alegres y abigarrados; artículos de loza; cruces; guano (sacado de la palma real) para que puedan confeccionar ellos mismos [los esclavos] sus bonitos sombreros; cacharros de cocina, etc.", todo marcado a precios razonables.

Bajo la mano de Úrsula y la mirada de Souchay, Angerona empezó a crecer y ya en 1818 la estancia tenía 200 mil cafetos. Sin embargo, apenas diez años después, era el mayor cafetal de Vuelta Abajo, con 43 caballerías de tierra, 70.500 cafetos adultos, 450 esclavos y una producción anual de 2.500 quintales: el maravilloso imperio haitiano alemán había triunfado.

Pero Angerona no era sólo una fábrica incontenible. Cornelio Souchay construyó la más opulenta de las moradas que ningún cafetalero había podido imaginar. Sobre una pequeña colina, la casa principal cargada de arcos y columnas servía de dormitorio a Souchay y los parientes alemanes que habían llegado, pero también funcionaba como molino de café y maíz, almacén para 20 barriles y sitio para la escogida del grano. La terraza dedicada a esta última función había sido tapiada hasta el techo con cristales de colores y en ella trabajaban hasta 70 esclavos que se extasiaban con la música profunda y dulce del arpa eólica que trinaba cuando hacía contacto con el viento norte.

Y, como figura principal de esta magnífica morada, Souchay había colocado en el jardín anterior una estatua de mármol de la diosa Angerona, plácida, blanquísima y con un dedo sobre los finos labios.

Junto a la casa se levantaba la tienda-vivienda de Úrsula Lambert, construida de mampostería y teja. Y más al fondo, hacia el noroeste, inmejorable testigo de la potencia productiva de Angerona, estaba "el pueblo de los esclavos", un recinto amurallado formado por un cuadrado perfecto de 100 metros, donde se levantaban, de piedra y tabla, las pequeñas casas que servían de barracones. Antecedido por una torre de vigilancia, "el pueblo de los esclavos" tenía una reja que se abría sólo dos veces en el día: al amanecer, cuando todos salían al trabajo, y en el crepúsculo, cuando los esclavos regresaban de sus faenas.

En Angerona se respiraba un orden perfecto. No es raro, por eso, que en 1839 —dos años después de la muerte de Souchay—, un joven periodista que acababa de publicar la primera parte de una novela titulada Cecilia Valdés o La Loma del Ángel, escribiera sobre la estancia: "Todo en aquella finca respiraba el aire extranjero. El orden de las fábricas, su disposición, las máquinas, los útiles para ahorrar brazos (...) los muebles, la prisión, el hospital, los jardines, todo está diciendo claramente que allí han prendido el gusto, el ingenio y la constancia del extranjero, del sesudo alemán, en fin".

Pero Cirilo Villaverde no fue del todo justo: excluyó de la obra a Úrsula Lambert. Sólo que en 1839, la morena ya no estaba en Angerona y para los herederos de Souchay aquella mujer ingeniosa y bella nunca representó la brújula que, durante tantos años, guió al rosado alemán.

Roble de olor

El amor de Úrsula y Cornelio se hizo más tormentoso después de la llegada a Angerona del sobrino de Souchay, Andrés Germán, y su esposa, Frau Bertha Hesse, a quienes siguieron el comerciante alemán Enrique Gatke y el abogado criollo Rafael Díaz Serrano. Todos, instalados en el cafetal, le dieron al negocio el sabor de corporación que tanto le agradaba a Souchay.

Los encuentros de la haitiana y el germano debían ser entonces más furtivos, pues Souchay prefería que parientes y esclavos estuvieran ajenos de la relación. Pero el amor se mantuvo y Úrsula sólo exigió de su amante que, si no podía desposarla a ella, no desposara a nadie. Cornelio Souchay le juró amor eterno a su morena y murió soltero y sin descendencia.

Los negocios de Souchay iban tan bien que a la propiedad de Angerona pudo sumar la de dos haciendas en Vuelta Abajo, llamadas Punta de Palmas y Caobillas, adquiridas en sociedad con Diego Gutiérrez.

Su respetabilidad, mientras tanto, no le iba a la zaga, pues hacia 1827 el alemán pudo comprar el título de Teniente Coronel de las Milicias Disciplinadas de Blancos de La Habana. Y los sueños de grandeza tampoco se contienen, pues Souchay llega a maquinar, por esta época, traer un maestro de música a la hacienda para que conforme una orquesta de 40 esclavos, para alegrar así sus ratos de ocio.

Este es también el período floreciente en que empiezan a sucederse las visitas ilustres a aquel cafetal insólito, ubicado en los jardines del poblado de Artemisa. José Antonio Saco y José de la Luz y Caballero, dos de los intelectuales cubanos del momento, son hospedados allí por su amigo Souchay. Los viajeros foráneos siguen a los criollos y entre otros, pasan por el cafetal Jacinto Salas y Quiroga y el sorprendido reverendo Abiel Abbot, párroco de la Iglesia Congregacional de Massachusetts, quien dedicó, en abril de 1828, una de sus cartas más hermosas a celebrar la maravillosa grandeza de aquel lugar.

Sólo la crisis de precios de 1830 llevó una nube al cielo limpio de Angerona. Y, aunque el imperio resistió la embestida y todo volvió a la normalidad, la experiencia decidió a Souchay, pocos años después, a redactar un primer testamento donde relacionaba los bienes que poseía, los cuales sobrepasaban ya el medio millón de pesos. Entonces entregó a su amigo y abogado Rafael Díaz Serrano un sobre lacrado con su escudo, en el que consignaba que, en caso de muerte, debía pedírsele el testamento a Úrsula Lambert. Souchay sólo confiaba en su amor de siempre.

Ya en 1837, cuando se traslada a Jesús del Monte en un vano intento por recuperar la salud, Souchay redacta un segundo testamento, que también es entregado a Úrsula, quien reconoce su autenticidad pues, en un borde, el alemán ha ordenado escribir la frase de pase con que, en la intimidad, solía denominar la parte más cálida, amable y apetecible de la morena: "Roble de olor".

El fin de un gran romance

Para Úrsula Lambert la vida perdió todo sentido cuando murió su rosado alemán. Pocos días después del entierro de Souchay, efectuado en el cementerio de Angerona, la negra liquidó la tienda a los herederos de su amado y se marchó del cafetal sin reclamar —ni entonces ni nunca— un solo centavo de la apetecible renta anual de 1.200 pesos que le había dejado su hombre.

Regresó a La Habana, mas la muerte se negó a venir en su auxilio y sobrevivió veintitrés años a su amado Souchay. Pero Úrsula no se había sentado tranquilamente. Con su habilidad de siempre, puso a circular su propio dinero y llegó a ser propietaria de veintiséis esclavos y un modesto comercio. En su casa, como era costumbre, los mejores perfumes franceses seguían lanzando sus efluvios y en sus escaparates dormían los más finos mantos de seda y las joyas que podía lucir una condesa.

Y cuando Úrsula Lambert murió, en 1860, era propietaria, además, de 366 batas de hilo con vuelos y encajes, destinadas cada una a ser usadas un día distinto de aquel año bisiesto y remoto.

1987

Historia natural de la nostalgia
Catalanes en Cuba: la aventura americana

"Els catalans de las pedres fan pans"

"Por la Caridad y por Cataluña", dice la tela extendida entre dos árbo-les. La brisa suave, casi imperceptible de esta mañana del 25 de marzo de 1990, bate apenas la tela, y el hombre que está parado frente a ella y lee la vieja consigna, piensa en las velas de un barco, que aguarda vientos favorables para zarpar. Cuando cierra los ojos, incluso, puede distinguir, entre los tenues olores de la primavera, el aroma de un salitre remoto que en realidad brota de su memoria más que del aire. Apoyado en su bastón, el hombre siente cómo sus nostalgias y las nostalgias de su padre y de su madre se van apoderando de él, y se pregunta por qué extraños designios se construye el destino de una persona. Tal vez esta misma mañana pudo estar caminando por las Ramblas de Barcelona, o quizá por el barrio gó-tico, hacia la catedral, donde cada domingo, según le han dicho, los ca-talanes se reúnen como en los viejos tiempos para bailar las entrañables sardanas. O tal vez ascendería hacia las montañas de Montserrat, siempre impresionado por aquel paisaje único, y entraría en la vetusta abadía para escuchar, con la misa, el "Virolai" que el coro de niños huérfanos entona cada día a la Virgen Moreneta.

Pero no. Está entre dos almendros apacibles y frente a una tela que dice "Por la Caridad y por Cataluña" y hay todo un océano por medio, y más que un mar, una vida hecha en otras latitudes que forjaron otras y me-jores esperanzas. El hombre piensa que ya rebasó los ochenta años y que apenas había cumplido tres cuando su padre lo trajo a Cuba, que Cataluña es un recuerdo cada vez más borroso y él es un hombre sin retorno que a lo largo de su vida ha sufrido una sola y muy extraña enfermedad: la nostalgia adquirida por otras nostalgias. Pero la suya es la misma nostalgia que esta mañana está atacando a todos sus viejos compatriotas que, como él, se han reunido para celebrar los 150 años de la fundación de la Sociedad de Beneficencia de Naturales de Cataluña en Cuba.

Auxiliado por su bastón y con los pasos más lentos de su vida, el hombre da la espalda a la tela y piensa: "Vinimos a hacer la América y la América nos hizo a nosotros", y avanza hacia la capilla consagrada a la Virgen Moreneta, donde todo está listo para comenzar la misa y la celebración del aniversario de la más antigua sociedad regional de españoles en el Nuevo Mundo. Saluda a conocidos y amigos, y comprende que está asistiendo al fin de una tradición que desaparecerá con el siglo XX, cuando los últimos catalanes llegados a Cuba encuentren el único remedio para su crónica enfermedad: la muerte.

Alberto Bru, natural de Barcelona, llegado a Cuba en 1912, hijo de Carlos Bru, dueño del famoso café El Suizo, en Guantánamo, sube lentamente la breve escalera de la iglesia donde unas jóvenes le prenden del bolsillo de su guayabera criolla un clavel rojo, y siente que puede llorar, pues con claveles rojos enamoró a aquella muchacha catalana que luego sería su mujer por más de 50 años. "Sí, la nostalgia es incurable" se dice y entra en el perfume del incienso.

La aventura americana

Alberto Bru sabe que él no inventó la nostalgia, pero todos los catalanes consideran que nadie sabe vivirla como ellos. Durante más de dos siglos la emigración marcó el destino de este pueblo y entre América y Cataluña se fue forjando un sentimiento de desarraigo que llegó a moldear el carácter de los catalanes: siempre se sienten lejos de algo.

La nostalgia catalana por la patria —o por América, cuando se encuentran de regreso— pudo haber comenzado, sin embargo, mucho antes, medio milenio atrás, cuando Cristóbal Colón convencido de que había llegado al mítico Cipango navegando hacia el Poniente, se presentó en la Ciudad Condal de Barcelona para informar allí a Fernando e Isabel, reyes católicos, los resultados del primer viaje trasatlántico. El mito de que es posible vivir en el verdadero país de Jauja, inflamó la imaginación catalana desde aquel día memorable de 1493 en que los primeros indios americanos portando bandejas con unas escasas pepitas de oro, pusieron sus pies en Cataluña.

No obstante, sólo dos siglos y medio después los catalanes pudieron lanzarse al fin a la gran aventura americana. Porque desde los días de Isabel I y hasta el reinado de Fernando VI, se mantuvo la férrea prohibición de que ningún catalán pudiera comerciar o siquiera vivir en tierras americanas. Sólo algunos religiosos y funcionarios de procedencia catalana, bien recomendados en la corona de Castilla, pudieron tomar la ruta colombina y trasladarse a América, al menos de modo oficial. En cambio, escondidos tras apellidos andaluces y canarios, llegaron al Nuevo Mundo muchos catalanes ávidos de aventuras y riquezas, pero inaprensibles para los estudiosos de esta emigración.

Mediado el siglo XVIII y apenas unas décadas antes de que Carlos III decretara el libre comercio con América, la vieja prohibición de Isabel I se hizo tan elástica que los comerciantes catalanes empezaron a prescindir de los mediadores de Cádiz y Sevilla y ponen en funcionamiento la Real Compañía de Barcelona, una casa mercantil con contactos en Puerto Rico, Santo Domingo, la isla Margarita y luego la región del Cumaná. En su corta vida (1756-1778) esta empresa logró apenas iniciar lo que a partir de 1778, con el decreto del ilustrado Carlos III, sería una aplastante realidad: el genio mercantil catalán, atado hasta entonces a las costas del Mediterráneo, estaba dispuesto a tragarse el comercio americano. Con las ansias acumuladas por probar el fruto tanto tiempo prohibido, los catalanes se lanzan hacia el Nuevo Mundo con la idea de "hacer la América" y sin imaginar todavía que también estaban "haciendo Cataluña".

Porque en realidad, al abrirse el siglo XIX, Cataluña no era precisamente el mejor de los mundos posibles. En vísperas de la invasión napoleónica y los primeros brotes republicanos, la agricultura y la economía catalana vivían días difíciles, que luego se harían aún peores con la Guerra de Independencia (1808-14), los conflictos políticos subsiguientes y la crisis económica de los años 20. Por esos tiempos, además, se concretaban las independencias hispanoamericanas que vienen a interrumpir el naciente comercio ultramarino de los catalanes con su mejor mercado, y por si fuera poco, la implacable filoxera, el parásito más temido por la vid, entra en acción y arruina en pocos años la industria vinícola de la región.

Desintegrado el imperio colonial español y en quiebra la economía nacional, Cataluña pone los ojos en una isla del Caribe, llamada Cuba, donde salvo el sol inclemente, todo parecía propicio para vivir y prosperar. Así entre 1800 y 1835 se produce la primera gran emigración catalana hacia Cuba, una emigración que, de muchas maneras, influiría en la vida económica y social de un país amordazado por la estática administración colonial. Sólo en estos años llegan a puertos cubanos —de modo legal— un total de 2.475 catalanes, lo que significó el 60 por ciento de la emigración peninsular a la isla. De año en año eran más los catalanes que arribaban a Cuba y ya hacia 1827-28, constituían el 72 por ciento de los recién llegados.

La mayoría de estos emigrantes tenían, por cierto, varias características bien notables: eran jóvenes, solteros, en plenitud de sus fuerzas físicas y dispuestos a hacer fortuna; procedían de zonas costeras de Cataluña, lo que tal vez influyó también en su inclinación por el comercio ultramarino; y, como caso excepcional en la colonia española de Cuba, establecieron la costumbre de la "emigración golondrina", pues el individuo que poseía un negocio en la colonia, en propiedad con uno o más socios (todos compatriotas y parientes por lo general), establecía un riguroso sistema de turnos para estar unos al frente de la empresa, mientras los otros volvían al terruño: la nostalgia era más fuerte que el instinto comercial, y los catalanes tenían que regresar...

La nostalgia quedaba establecida como institución catalana, y de algún modo tocó a todas las familias de la región. En San Feliú, un apacible y hermoso pueblo costero del norte de Barcelona, la tercera parte de los hombres tomó el camino de América a raíz de la aparición de la filoxera. En la modesta alcaldía de San Feliú, al borde mismo de la Costa Brava, queda el testimonio de este desgarramiento: allí se conservan miles de peticiones de salida, acompañadas por una "carta familiar" en la que algún pariente —padre, madre, esposa— otorgaba al interesado la posibilidad de emigrar, mientras él quedaba al frente de la familia. Cuba, más que un sueño, se convirtió desde entonces en una obsesión para la memoria catalana.

Una calle, un edificio, una leyenda

Una de las calles más cortas de La Habana se llama Xifré. Nace en Maloja y va a morir, por una rara coincidencia, en el antiguo paseo de Carlos III. Ubicada en un viejo barrio proletario, de los primeros nacidos más allá de las murallas, las casas modestísimas de esta calle tienen un signo distintivo: viven con las puertas abiertas. En Barcelona, uno de los lugares más famosos y típicos de la ciudad es el edificio conocido como Pórticos Xifré. Situado a orillas del mar, muy cerca del antiguo puerto de Barcelona, la construcción alcanzó celebridad desde los mismos días en que, cavando en la arena, los obreros levantaron sus cimientos sobre lo imposible, enterrando piedras traídas desde el Montjuic. Su celebridad, sin embargo, alcanzó la cúspide a partir de 1840 cuando, un año después de terminado el imponente edificio, en su planta baja quedó inaugurado el café Las Siete Puertas, durante mucho tiempo el más concurrido de la Ciudad Condal.

Los Pórticos Xifré, que vino a completar la fisonomía de la Plaza del Palacio, es un edificio neoclásico que se permitió licencias barrocas al incluir en su estructura bajorrelieves y estatuas. Para ningún fisgón pasa inadvertido, entonces, que la simbología de estos ornamentos alude directamente a tres motivos de inusual convivencia: la antigua Grecia, las alegorías masónicas y la riqueza natural americana…

El día de 1798 en que Josep Xifré y Casas emprende su camino hacia Cuba, la miseria le estaba pisando los talones. Había nacido 21 años antes en la villa de Arenys de Mar y su padre Joan Baptista, dueño de cuatro bergantines, se había sumado en 1778 al comercio americano. Un sino trágico, sin embargo, merodeaba a aquel hombre: en 1782, al iniciarse la guerra con Inglaterra, pierde dos de sus barcos mientras el gobierno le confisca otro, sumiéndolo en la ruina que lo mataría de angustias apenas cinco años después. Como herencia, Joan Baptista le dejó a su familia una cuantiosa deuda.

Al pisar La Habana, Josep Xifré y Casas estaba muy lejos de pensar que llegaría a ser el indiano catalán más famoso de su época, pero pronto se convenció de que su talento era demasiado para aquel rincón del imperio español asfixiado por ordenanzas y prohibiciones coloniales. Como su "carta familiar" de emigración especificaba, su madre lo recomendaba en

Cuba a su coterránea María Carbó, dueña de una tenería, y a su tío paterno, Josep Xifré Horta, quienes al recibirlo lo ubican en la tenería de Carbó. Cinco años después, Josep hace el primer milagro: sin que sus biógrafos se expliquen cómo, el joven adquiere el bajel San José, de 150 toneladas, y lo inscribe a nombre de un socio para evitar la persecución de sus acreedores. Otros tres años más tarde, en condiciones ya de pagar la deuda familiar, Xifré compra un segundo navío al que bautiza con el nombre de su difunta madre: Margarita. En apenas ocho años, y sin duda auxiliado por sus dotes de especulador sin fondos y contrabandista sin nada que perder, aquel catalán había pasado de simple aprendiz de curtidor a propietario de dos embarcaciones y había devenido además buen amigo de algunos personajes de la administración colonial, quienes le conceden, en 1808, el derecho exclusivo sobre las pieles extraídas en todos los mataderos de La Habana y Santiago de Cuba. No obstante, su genio se ve coronado cuando, al iniciarse la guerra contra Napoleón, se hace imposible la importación del roldó para curar las pieles y Xifré descubre las magníficas propiedades del mangle cubano para tal empeño.

Entonces se produce el gran salto: mientras moderniza su industria de pieles con maquinaria inglesa, Xifré se lanza a la gran especulación y pone su mirada en el mercado norteamericano, al cual envía pieles, azúcar, aguardiente y el café que, según algunos asombrados, provenía de sus propios (?) cafetales.

Sin embargo, dos estocadas más daría en estos años el comerciante: una fue ingresar en la naciente masonería cubana, fuente de amistades e influencias; de la otra se encargaría su afortunada bragueta. Gracias a la masonería, que Xifré empezó a practicar en Cuba, entra en contacto con el comerciante neoyorquino Thomas Downing, fanático director de la Logia Orangista de New York, una sociedad secreta, nacionalista y protestante de origen irlandés. Este hombre y su logia le abren importantes contactos mercantiles al catalán que, para colmos, atrapa a la joven Judith, la heredera de Downing, con quien se casa en 1818, cuando Xifré cumplía 41 años y ella 17. La suerte estaba consolidada y aquel ya riquísimo comerciante, después de ver el nacimiento de su único hijo en La Habana, se traslada en 1823 a New York, donde afinca sus negocios al tiempo que empieza a sufrir la enfermedad más cruel que ataca a los catalanes: la inevitable nostalgia.

Su primer regreso a Cataluña se produce entonces por vía monetaria: envía al ayuntamiento de Arenys de Mar dos mil duros para la terminación del teatro Principal, que es inaugurado el 26 de octubre de 1828 con la representación de Otelo. Dos años después se traslada a Europa para radicarse en París y, a partir de 1831, empieza a visitar el terruño con la insistencia de los que quieren quedarse. Por la misma época en que construye los Pórticos, hace otra donación a Arenys de Mar para levantar un hospital que desde entonces lleva su nombre. Pero, al terminar los Pórticos, aquel hombre cuya fortuna sobrepasaba los 18 millones de pesos oro y recibía en su casa de París a políticos, comerciantes e intelectuales franceses, decide tomar un piso en la planta alta de su edificio catalán y fijar su residencia en Barcelona, que le tributa entonces todos los honores civiles y militares, incluida la alcaldía de la ciudad que nunca aceptó.

Cuentan que en los últimos diez años de su vida, Josep Xifré solía asomarse por el balcón de su Pórticos que da a la bahía de Barcelona. Mirando al mar, el hombre más rico de aquella ciudad recordaba el día de 1798 en que, sin un duro, tomó la ruta de América para iniciar allí su asombrosa fortuna, la misma que le permitía donar teatros y hospitales, edificios públicos, pagar estudios a jóvenes pobres y gozar de su segura fama de indiano notable. Y cuentan también que alguna vez se le oyó decir: "fuimos a hacer la América...", para recordar después las ancas de una mulata que jamás pudo olvidar.

La aventura americana

Como la calle Xifré, a lo largo del siglo XIX Cuba se fue llenando de evidencias catalanas y Cataluña se fue transformando con dinero y costumbres cubanas. Más hábiles para el comercio y la industria que sus otros compatriotas y poseedores de una mentalidad neocolonial más apta para los nuevos tiempos, los catalanes se adueñan prácticamente del comercio cubano hacia 1850 y los nombres de Crusellas, Partagás, Martí Torrens, Gelats, Bacardí, Samá, Gener, Payret, Sarrá y muchos otros devienen fortunas y empresas de un potencial envidiable.

El auge económico de esta emigración les permite, incluso, fundar en 1840 la que sería la primera asociación regional de españoles de Cuba: la Sociedad de Beneficencia de Naturales de Cataluña, por cuya presidencia pasaron todos los notables de esta nacionalidad y que se encargaría de construir, primero, un hospital donde morir en paz, y después, una ermita dedicada a la Virgen Moreneta donde llorar las nostalgias.

Alberto Bru es el actual presidente de la Sociedad Catalana de Cuba. Ya su labor benéfica no es la más importante y no puede prestar ayuda a una emigración que se detuvo en 1941. La cúpula de la colonia catalana de Cuba ya no la integran ricos comerciantes y banqueros, sino viejos emigrados que gustan de reunirse para rumiar sin resentimiento su insalvable nostalgia. Para ellos no hay regreso: Cataluña es un sueño imposible para estos hombres y mujeres que fructificaron aquí, que escogieron esta tierra, pero que todavía pueden llorar escuchando una vieja habanera que habla de marineros y amores perdidos.

Son los últimos catalanes llegados a Cuba y son la memoria viva de una emigración que imitó el destino de las golondrinas.

Alas para ir y volver

— Es verdad —dice don Pepe Rovira—, los catalanes son como las golondrinas. Se van pero vuelven, y cuando vuelven, ya sueñan con regresar otra vez, y así se les va la vida, entre añoranzas por un pasado que, por más duro que haya sido, siempre lo recuerdan con afecto. Así vivió y murió mi abuelo, el indiano de la familia.

Y me señala, entre las fotos de los alcaldes del pueblo, la de Ramón Fors Soler, su abuelo materno. Josep Rovira es ahora el alcalde de Canet de Mar, una población de 12.000 habitantes que se precia de ser la más hermosa de la Costa del Maresme, al norte de Barcelona. Como San Feliú, Arenys de Mar, Mataró, Sitges y toda la costa catalana, Canet vio partir, durante más de cien años, a los jóvenes emigrantes que hicieron de Cuba, su ron, sus mulatas y sus canciones alegres, un mito dorado que el tiempo no ha podido quebrar. Los americanos —como fueron bautizados los indianos catalanes— se convirtieron en personajes de leyenda que, con los

El viaje más largo

dineros ganados en Cuba, traían a su tierra, al inevitable regreso, las costumbres aprendidas en el lejano Caribe y la nostalgia por el lugar donde habían gastado los años más feraces de sus vidas.

— La más hermosa leyenda americana de Canet —continúa Pepe— es por supuesto una historia de amor. Un joven se enamoró, en la mejor tradición romántica, de una muchacha, hija de familia rica. Claro que ella correspondió a su amor, pero la familia se opuso. Y un día el joven decidió irse a Cuba, para hacer fortuna y merecer así a su amada. Todos los meses él le escribía largas cartas de amor, donde le contaba de sus trabajos, de lo que aprendía en Cuba y de sus planes para el futuro. Pero la familia de la muchacha se encargó de interceptar todas las cartas. Al principio ella creyó que él no escribía por el mucho trabajo, pero pasaron los meses, los años y, al no recibir una sola carta, pensó que él la había olvidado, y fue tanta su tristeza que murió de amor, como era la usanza. Al cabo de los años, el joven que ya no era tan joven, regresó con una fortuna y al llegar al pueblo la primera noticia que recibió fue que aquella muchacha, que años atrás fuera su novia, había muerto hacía mucho tiempo. Una amiga común, entonces, le contó la historia de las cartas y el enamorado se presentó en la casa de su difunta y pidió a sus padres un único deseo: que le permitieran hacer un mausoleo para enterrar los restos de su amada. Pero ellos se negaron, a pesar de que muchos amigos intercedieron. Finalmente, el hombre decidió cumplir su deseo y levantó el más hermoso panteón del cementerio, donde cada día debía colocarse una rosa roja. Esa es la única tumba sin cadáver que existe allí.

"Si te cuento esta leyenda no es por gusto, sino porque la verdad de la emigración fue así, realmente triste y llena de desgarramientos. Muy pocos fueron tan afortunados como Samá, como Xifré, como Gelats, que hicieron grandes fortunas por distintas vías. La mayoría vivió como mi abuelo, que se fue de Canet con sólo 13 años, y mira lo que le decía a su madre en una carta: "Nos levantamos a las 3 y media y nos acostamos a las 12. Esto es tres horas y media de descanso y luego que digan los charlatanes de Canet que vinimos a robar dinero...".

"Porque en verdad hubo tres clases de emigrantes: los que se enriquecieron muchísimo; los que ganaron algún dinero y volvieron con él a sus pueblos; y los que se quedaron allá para siempre, con más o menos fortuna. Para nosotros los más importantes fueron los segundos, por una sencilla razón: era gente muy industriosa que trajo su dinero para invertirlo aquí, y gracias a ese capital se fomentaron muchas industrias en Cataluña. La industria textil de Canet, por ejemplo, fue obra de estos indianos, igual que el primer ferrocarril de España, el de Barcelona a Mataró, que lo construyó Miguel Biada y Buñol a partir de la experiencia del primer ferrocarril cubano y gracias al dinero ganado allá. Pero, además, ellos traían una mentalidad social muy liberal para la Cataluña de la época, y eso permitió que modificaran muchas cosas. Mi propio abuelo, que vivió hasta los 29 años en Cuba, exactamente en la calle Teniente Rey de La Habana, llegó a ser el primer alcalde moderno del pueblo y eso se debe a su estancia allá, un país mucho más vivo que la España del XIX. Y trajeron otra cosa muy importante: sus nostalgias del trópico, que se revirtió en costumbres como las habaneras que todavía se cantan acá; en nombres de lugares, como la plaza de Cuba que está cerca de la alcaldía; en modos de construir, gracias a los cuales también floreció el modernismo que es bien importante para la arquitectura de Canet y de toda la región, pues es bueno recordar que Eusebio Güell y Ferrer, el mecenas de Gaudí, era descendiente del "americano" Joan Güel y Ferrer, que hizo su fortuna en Cuba, y gracias a la cual Gaudí pudo construir obras como La Sagrada Familia y el Parque Güell, que con tanto orgullo exhibe Barcelona. Y también trajeron cosas mucho más íntimas: el sillón de pajilla, el ron para las fiestas y la necesidad de que Cuba no se les fuera del recuerdo y por eso pintaban patios "cubanos" en sus casas, estampas habaneras, mulatas vendedoras de hierbas y frutas, hasta que Cuba se convirtió en un lugar de la memoria catalana. Y fueron tantos los que emigraron de acá que se acuñó una frase que por sí sola ilustra la medida de este fenómeno: 'El que no tiene tierra, tiene parientes en La Habana', se decía en tiempos en que Canet de Mar tenía apenas tres mil habitantes".

La aventura americana

Hacia 1830 la tardía pero potente y emprendedora emigración catalana a Cuba comienza a transformarse en una fuerza económica, social y hasta política de evidente importancia en la vida nacional. Todos los renglones económicos parecían interesarles a aquellos españoles que hicieron del comercio con la colonia el pulmón que entregó el aire necesario para que Cataluña diera el salto a la industrialización, al tiempo que reavivan la vida mercantil de la isla.

El propio Joan Güell y Ferrer, promotor indirecto de Gaudí, autor del Tratado Económico y Político e inmortalizado por Barcelona con una estatua en sus indispensables Ramblas, escribió al respecto: "La isla de Cuba, española y rica, es el principal mercado externo de nuestros productos agrícolas e industriales (...) Ella es el centro de donde irradia todo nuestro comercio marítimo y sirve de base al que termina en Montevideo, Buenos Aires, Nueva Orleans y México". Otras evidencias al respecto afirman que en 1854 Barcelona dominaba el 25 por ciento del comercio español con Cuba, mientras la antes monopólica Cádiz sólo llegaba al 17. Mientras tanto, al producirse la independencia de la isla, en 1898, Barcelona andaba por el 51 por ciento y Cádiz apenas tramitaba un cinco por ciento...

La verdad es que desde su llegada a Cuba los catalanes ponían su vista en un norte bien preciso, del que nada podía desviarlos: hacer fortuna. Y, para ello, cualquier vía era buena.

Según ciertas fuentes, por ejemplo, el primer cafetal fomentado en Cuba fue obra del catalán Gelabert, quien trajo semillas de Santo Domingo y creó una plantación en el Wajay, con la idea de utilizar sus granos no para la infusión —que se extendería como costumbre después, con los emigrados franco haitianos— sino para extraer aguardiente. La industria azucarera, igualmente, sería empeño importante para los catalanes que ya en el siglo XIX eran propietarios de grandes ingenios como el San Miguel, de Guantánamo (con 80 caballerías, cien colonias, 20 kilómetros de vía estrecha y 14.000 arrobas de producción: todo un central), el Aguedita, de Colón, el Unión de Matanzas, o los bautizados El Jacinto y Mercedes, de Joan Jova Batle, antiguo marinero natural de Sitges, quien ensaya con éxito la implantación de la máquina de vapor y construye además una refinería en Cienfuegos.

Pero tal vez los renglones donde mayor celebridad alcanzaron los catalanes fueron en las industrias del tabaco y el ron. Mientras los emigrados canarios, con una vinculación ancestral a la agricultura, se dedican con preferencia al cultivo del tabaco, los catalanes se lanzan a su procesamiento y comercialización, y a lo largo del siglo XIX se implantan las marcas de puros y cigarrillos cubanos que de mayor fama gozarían a nivel mundial. Juame Partagás y Rabell funda en 1845 la fábrica que todavía lleva su nombre, a pesar de que pronto pasaría a otras manos. Partagás, apellido famoso en el mundo si los hay, murió, precisamente, a causa del tabaco, aunque se asegura que jamás fue fumador: durante una visita que realizaba a sus vegas de Vueltabajo, un tabacalero contrincante y desconocido para la historia, que veía en el ascenso de Partagás el motivo de su ruina, lo mató de un solo balazo varias veces mortal: la bala que penetró por el estómago, subió y le partió también el corazón, pero, indetenible, siguió su curso hasta alojarse en el cerebro de aquel hombre fatal.

Se dice, además, que fue el catalán Bernat Rencurrell quien instaló en 1810 la primera fábrica de cigarrillos de La Habana; que otro compatriota suyo, Joan Conill, fue el primer almacenista de tabaco en rama de la capital, con un negocio instalado en la plaza del Cristo. Mientras, otros fabricantes catalanes de mucho éxito fueron Julián Rivas, quien en 1840 lanza la marca El Fígaro y Prudencio Rabell, que hacia los años 70 monta la fábrica La Hidalguía y crea cuatro marcas: La Hidalguía, La Legitimidad, La Honradez y Negro Bueno.

El más afortunado, sin embargo, de los tabacaleros catalanes fue el tristemente célebre José Gener y Batet, el hombre que en noviembre de 1871 y en su condición de voluntario y presidente del tribunal organizado por la administración colonial, decreta el fusilamiento de los ocho estudiantes de medicina... Dueño de vegas en San Juan y Martínez, Gener y Batet crea su primera fábrica gracias a un contratiempo: llegado a La Habana con el propósito de vender una cosecha, no obtiene de ningún fabricante los precios que exigía y decide entonces alquilar un local y contratar los obreros necesarios para procesar él mismo su maravilloso tabaco. Surge así, en 1865, la fábrica La Excepción, cuya especialidad eran los cigarrillos Decouflé y los puros Hoyo de Monterrey y Emperatriz de la India, con los que Gener asiste a la Exposición Universal de Barcelona en 1888 y obtiene el Gran Diploma de Honor.

El dueño de La Excepción, como catalán al fin y al cabo, no fue una excepción en cuanto a sus sentimientos: avasallado por la nostalgia, aquel hombre que había llegado a Cuba hacia 1844, con apenas 13 años, y que había conseguido en la isla una fortuna exorbitante, que durante tres períodos presidiría la Beneficencia Catalana y alcanzaría el grado de teniente coronel de Regimiento de Voluntarios, comienza a planear en 1873 su regreso al terruño. En L'Arboc, el pueblo donde había nacido, Gener manda a construir un espectacular palacio que incluía piscina y todos los lujos modernos, decidido a pasar allí los años finales de su vida. José Gener y Batet, arropado por su esposa, la cubana Panchita, muere en su casa catalana justamente en el año de 1900. Como Xifré, sabía que no sólo habían "hecho la América"...

La lista de catalanes licoreros, por su parte, demuestra el especial apego de estos españoles por la fina actividad de la creación de rones. Uno de ellos, por encima del resto, demostró que los catalanes, además de pragmáticos, pueden ser muy pacientes y convertir hasta las piedras en panes. Facundo Bacardí Mazó, natural de Sitges, fundó en 1862 la pequeña destilería que, gracias al secreto obtenido de un anónimo vinatero francés, llegaría a ser la fábrica productora del mejor ron del mundo, sólo debido a la paciencia infinita de aquel hombre que murió sin saber a plena conciencia la maravilla que había legado al universo en aquellos barriles donde se añejaba la obra de toda su vida.

Por los mismos tiempos en que Don Facundo Bacardí monta su alambique en Santiago de Cuba, surgen las pequeñas industrias roneras de otros fabricantes catalanes: Rovira funda el ron Castillo; Camp, el Matusalén; Juan Albuerne y Pedro Palau el Ron Albuerne; el propio Palau junto a su hermano Francisco, crean el Ron Palau; Domingo Balaguer el Ron Titán; Salvador Sicars el Ron Sicars; y siguiendo esta costumbre, Ramón Fontanalls y Joan Guillaume, dan sus poco adecuados apellidos a sus respectivas marcas. Cuba se había convertido ya en la potencia ronera del Caribe.

No obstante, ninguno de estos oficios sirvió para sustentar las vertiginosas y grandes fortunas catalanas nacidas en Cuba. Uno menos aromático y embriagador, pero mucho más eficaz —y para muchos vergonzante—, sería la gran fuente de dinero para algunos emigrados catalanes: la trata de esclavos.

Cuba en Cataluña

Manuel Vázquez Montalbán, aunque de padres gallegos, es catalán por convicción. Su literatura, especialmente las novelas policíacas protagonizadas por el intangible e inefable Pepe Carvalho, me descubrió Barcelona mucho antes de que pudiera visitar la Ciudad Condal. En una de sus novelas más recientes, Pepe Carvalho y su amigo Biscuter llegan a la conclusión de que Barcelona ha cambiado tanto que ya ni los ladrones "nacionales" son iguales que antes.

Sin embargo, la noche de febrero de 1990 en que pude caminar por primera vez las viejas Ramblas de Barcelona, sentí —gracias a Manolo y a Carvalho— que transitaba un paisaje conocido. Las Ramblas, con sus puestos de flores, de libros, de refrescos, sigue siendo, sin duda, el corazón más profundo de la ciudad y, también sin duda, el punto cero en cualquier búsqueda que un detective emprenda. Yo andaba persiguiendo las evidencias de lo que fue la emigración catalana a Cuba y lo que Cuba significó para Cataluña. Y Ramblas abajo encontré el punto de partida.

Porque las viejas Ramblas, como los ríos y como la vida, van a morir al mar, justamente al lugar que, como última imagen de su tierra, guardaban los emigrantes catalanes: la bahía de Barcelona. Allí, en una plaza de tráfico insoportable existe una altísima columna sobre la cual está parado Cristóbal Colón. Este Colón, sin embargo, ha extendido su brazo derecho, para indicar algo: ése, el que marca el brazo, es el camino de América, el que siguió el genovés y el que siguieron, desde el siglo XVIII, miles y miles de catalanes en busca de una vida mejor.

Al parecer —como pude comprobar después— algunos realmente hallaron una vida mejor. Es posible verlo. No sólo los Pórticos Xifré y el hospital de Arenys de Mar tienen su origen en aquella aventura económica. La catedral de la Sagrada Familia, la obra mayor de Antonio Gaudí, el más genial de los arquitectos modernistas españoles, tiene su trasfondo en una fortuna amasada en Cuba por Joan Güell; las Ramblas de Villanueva, ciudad ubicada al sur de Barcelona, fueron ampliadas y alargadas por Francisco Gumá, hombre de fructífera estancia en Cuba y promotor también de la construcción del ferrocarril Barcelona-Villanueva y de la reconstrucción de la iglesia de San Antonio Abat; en Sitges, Canet de Mar,

Mataró, San Pedro de Ribes, existen varias decenas de casas que parecen extraídas de La Habana y colocadas allí por sus dueños originales, los famosos "americanos".

Pero tal vez el más impresionante testimonio de esta vida mejor está en el Baix Camp tarragonés, muy cerca de Cambrills, donde existe uno de los palacios más fantásticos que el hombre pueda imaginar, contrincante orgulloso del Xanadú de W. R. Hearst y Orson Welles: el Palacio Samá, con su impresionante casa, su jardín exuberante, su lago artificial y su zoológico en miniatura, fueron obras de un hombre cuya fortuna se hizo en Cuba: Salvador Samá y Martí, introductor del dique flotante de la bahía de La Habana, fundador del Banco Español de Cuba (1856), presidente de la Beneficencia Catalana (1844-45) y, además, espléndido donante para obras de caridad en su tierra —entre las que se hallan el colegio de los escolapios de Villanueva y la Geltrú y los más de 200.000 pesos entregados para la reconstrucción de la iglesia de San Salvador, también en Villanueva.

Lo que algunos historiadores pocas veces mencionan es que Salvador Samá, al igual que sus compatriotas José Baró y Blanchert y Francisco Martí Torrens —todos, por cierto, excelentes amigos de Miguel Tacón y otros gobernadores de la isla— fueron algunos de los catalanes que contribuyeron a crear la leyenda negra de esta emigración gracias al lucrativo —y para ellos seguro— comercio de esclavos.

El hombre más aplaudido

El domingo 28 de febrero de 1838 en La Habana sólo se habla de un tema que parecía tocar a todos, ricos y pobres, blancos y negros: en aquella ciudad que crecía por semanas y se preciaba de moderna y libertina a un tiempo, había nacido un esplendoroso teatro que, como todos sabían llevaba el nombre del insigne capitán general de la fidelísima isla: Teatro Tacón. Aquel magnífico edificio, construido a un costo de 400.000 pesos, dejaría abiertas sus puertas, esa tarde, con seis grandes bailes de disfraces, y todos los vendedores ambulantes, músicos callejeros, saltimbanquis, vagabundos, carteristas, cómicos sin suerte, señoritas y señoritos alegres y curiosos de la ciudad, se agolpaban en los alrededores del teatro, para ver, al menos, los trajes que lucirían los afortunados que habían recibido una invitación para la apertura o pudieron comprar una de las carísimas entradas.

Entre aplausos y algarabías, los curiosos se preciaban de haber sido, cada uno de ellos, el que identificó a tal o cual personaje, pero en realidad a quien aguardaban con mayor júbilo era al dueño de aquel maravilloso lugar, el hombre emprendedor que salido de la nada alcanzaba estas alturas y, según se decía, había invertido otros 80.000 en el más fastuoso montaje de Macbeth que Shakespeare hubiera podido imaginar.

Cinco minutos antes de la hora prevista, cuando todo lo que valía y brillaba en La Habana había llegado al teatro, incluido el capitán general Miguel Tacón, cuyo nombre llevaba el edificio, hizo su más triunfal entrada el gran personaje del momento. Francisco Martí Torrens, aquel hombre nacido en Barcelona el 11 de junio de 1786 y llegado a Cuba en 1810 —sin un céntimo en sus bolsillos—, saludó entonces a fanáticos, conocidos y amigos, mientras la multitud coreaba "Pancho Marty, Pancho Marty...", y lo consagraban como a un elegido del destino.

En realidad, el señor Francisco Martí Torrens no creía en elecciones ni en destinos preestablecidos, sino en algo mucho más concreto: creía en el poder del dinero y toda su fe se le iba en el agradable empeño de ganar más y más plata —y que lo aplaudieran después. Porque durante muchos años nadie hubiera batido una palma por aquel catalán empecinado y analfabeto que con sus primeros ahorros abrió la fonda "El Vapor" en la Plaza del Mercado, para quebrar poco después. Nadie hubiera querido ser como él, cuando su esposa y su hija, recién llegadas a Cuba, murieron de fiebre amarilla, o cuando se le incendió la pequeña bodega de Consulado y Virtudes. Y menos aún cuando, con dinero prestado, logró reabrir el comercio, sólo para que el fuego insistente lo devorara por segunda vez.

Pero aquel hombre hasta entonces sin suerte decidió al fin que, para empezar, no podía hacerlo desde abajo y, gracias a un amigo, consigue el insignificante nombramiento que precisamente él deseaba: en 1829 es designado subdelegado de Marina de la Fortaleza de la Chorrera y Francisco Martí Torrens, con el respaldo de la ley y el prestigio de una captura memorable —la del famoso contrabandista Antonio Mariño, prófugo de La

Cabaña y del Morro santiaguero—, se lanza él también al más oficial de los contrabandos, interesándose por todos los renglones: desde el tabaco hasta el alcohol, pero insistiendo, en aquellos tiempos difíciles, en la compraventa del producto que apenas nueve años después lo haría el hombre más aplaudido de La Habana: los negros esclavos.

Así, del simple Pancho Marty se convierte en el señor Francisco Martí Torrens, pues con el dinero aprende a escribir algo mejor y logra disipar la duda caligráfica en cuanto a la última i de su apellido. Con el dinero se convierte además en sólido amigo del capitán general de la isla y consigue, incluso, que los cronistas de la época lo califiquen de "espíritu emprendedor, al cual impulsó muy mucho su carácter firme, perseverante, generoso y tan arrojado que nunca se le vio vacilar en la realización de sus atrevidos planes..."

Pancho Marty, que en una fecha tan tardía como 1856 seguía recibiendo grandes cargamentos de negros, que en 1857 vendía el Teatro Tacón por 750.000 pesos y que al morir dejaba una herencia de dos millones, fue en verdad, parte del cuarteto catalán que mayores ventajas sacó del comercio de esclavos que se hizo particularmente provechoso luego de prohibida la trata por los convenios angloespañoles de 1817 y 1820, ratificados en 1835. Junto a sus compatriotas Samá, Baró y Julián Zulueta, lideraron un comercio en el cual los catalanes participaron activamente desde finales del siglo XIX para convertirse en los mejores negreros de la metrópoli. Incluso Pancho Marty (asociado en el negocio de la trata con uno de los fundadores de la Beneficencia Catalana, el señor Antonio Font y Guash), patenta en su momento una variante que engrosaría considerablemente su fortuna: opuesto a la, según él, despreciable emigración de braseros chinos para la agricultura, monta un comercio con el general y presidente mexicano Santa Anna, y trae a la isla campesinos yucatecos, en condición de contratados. Por aquellos tiempos, Francisco Martí Torrens seguía siendo uno de los hombres más aplaudidos de La Habana.

Con este origen oscuro o con otros menos dolorosos, lo cierto es que una cantidad significativa de los emigrados catalanes llegados a Cuba logran copar, a lo largo del siglo XIX, un sector considerable del comercio, la industria y las finanzas cubanas. Fuera del tabaco, el azúcar y la industria licorera, y del pequeño comercio de "ultramarinos" que les fue tan propicio —"el catalán de la esquina", se llegó a llamar, por extensión, a los bodegueros—, los catalanes prueban fortuna en los más disímiles renglones: Sabatés lanza sus velas y jabones; Petit y Mestre construyen la fábrica de papel Puentes Grandes; Sarrá llega a poseer una de las más grandes droguerías del mundo; J. Vallés, bajo el lema "Nadie más barato que J. Vallés", crea sus famosísimos almacenes; Miguel Nin y Pons abre un circo-teatro en la calle Colón y Joaquín Payret inaugura su teatro en 1877, con la idea de que su hija, una notable concertista, tuviera su propio escenario.

Mientras otros catalanes se dedican al mundo de la banca y la especulación y se establecen casas tan importantes como el Banco de Narciso Gelats y Cía., el Banco Bergnes y Cía., de Santiago de Cuba o la firma comercial Barraqué, Macía y Cía., fundada en 1875 por José Barraqué.

El modo absolutamente neocolonial y la visión capitalista con que los catalanes se acercaron a la economía cubana fue un acierto rotundo, al extremo que después de la independencia de la isla estos activos emigrantes logran dominar importantes instituciones comerciales como la Cámara de Comercio y la de Comercio, Navegación e Industria. La aventura americana, emprendida por los catalanes un siglo y medio antes, había sido un éxito.

Entre dos aguas

— Como te dije, yo nací en Barcelona, el nueve de enero de 1909. Por lo tanto soy catalán —afirma Alberto Bru. Estamos sentados en la magnífica terraza de su casa habanera, y la vista de la ciudad es formidable: todo el puerto, con sus almacenes, grúas y barcos; una perspectiva aérea y tan distinta de la vieja estación de ferrocarriles; un trozo de muralla, el Capitolio, los árboles del Parque Central. Le he pedido al viejo Bru que me cuente su historia, más no puedo evitar, entre preguntas, echarle una mirada a la ciudad que engendró tantas nostalgias a los catalanes.

"Por esa época ya mi padre se había instalado en Guantánamo y tenía un lindo café estilo francés, llamado El Suizo. Él iba a cada rato a Barcelona y en uno de esos viajes nací yo, pero no nos trajo a mi madre y a mí hasta el año 12. Así que mi niñez y mi juventud fueron cubanas, si descontamos que pasé el año 17 allá, por la muerte de mi abuela.

"En Guantánamo había entonces muchos catalanes, y fundaron incluso el Bloc Nacionalista Catalunya, que fue primero un centro separatista y después una sociedad de recreo. Yo iba mucho allí con mi familia, igual que todos los catalanes de la ciudad, pero en realidad vivía como un cubano más, y aprendí a jugar pelota y hasta se me pegó algo del 'cantaíto' con que hablan los orientales. Imagínate, a esa edad todo se pega. Pero mi padre nos hacía ir con frecuencia a la tierra y volvimos en el año 23, y luego del 26 al 28 y ahí conocí a Montserrat, la muchacha que sería mi mujer de toda la vida. Por ella fui en el 30 a Cataluña y nos casamos para regresar a Guantánamo, donde tuvimos dos hijos. Pero otra vez en el 33 voy a Barcelona y me quedo hasta el 36. Hasta ahí mi vida fue así, entre dos aguas: mi mujer catalana, tenía dos hijos cubanos y allá yo era el 'cubano' y aquí el 'gallego' como le decían a todos los españoles. Y fíjate si era cubano que entré en un club de pelota que había en Barcelona, el 'México', y fui primera base y cuarto bate y conmigo ganaron tres años seguidos el campeonato de España.

"Por eso no sé decirte si me siento cubano o catalán. Soy las dos cosas: allá está mi origen, mis primeros recuerdos, el encuentro con Montse; acá mi casa, mis hijos, la tumba de mi esposa y otros muchos recuerdos. Y la nostalgia es algo que va y viene, como las golondrinas que me decías: a veces quisiera estar en Barcelona, ver a la gente bailar una sardana y caminar por las Ramblas. Pero la última vez que estuve allá, en el 79, extrañé muchísimo los juegos de pelota, el ruido de los trenes, el arroz con frijoles negros y las reuniones de la Sociedad con esos viejos catalanes que se parecen tanto a mí. ¿Qué voy a hacer?" —me pregunta Alberto Bru y empieza a mostrarme, como jalones de esa nostalgia, las fotos que también cuentan la historia de sus ochenta años de residencia en la tierra. Para el final, aparentemente olvidado hasta entonces, ha dejado un sólido bate de béisbol, hecho de buena majagua. Bru lo empuña y lo lleva atrás, como preparándose para un swing.

"Creo que soy el mejor pelotero catalán que ha pasado por este país" —dice y sonríe.

La última aventura

Cuando corría el año 1909 y Alberto Bru nacía en Barcelona y los catalanes de Guantánamo fundaban el Bloc Nacionalista, la vasta colonia de emigrados catalanes había dado rienda suelta a su natural inclinación a reunirse y protegerse. En cada ciudad de la isla, donde su presencia fuera notable, los catalanes habían fundado agrupaciones de diversa índole y de activa presencia en la vida local y nacional.

A la Beneficencia, fundada en 1840, habían seguido, entre otras, su homóloga de Matanzas, que fomentó la Ermita de Montserrat en las alturas de Simpson (1872-1875) y organizó brillantes fiestas anuales desde 1871 hasta 1925; el centro Balear de La Habana (1881) que construye dos años después la Quinta de Salud conocida todavía como La Balear, el Grop Nacionalista Radical de Catalunya de Santiago de Cuba, hijo del antiguo Centre Català de esa ciudad, y que en 1907, al nacer con ese nuevo nombre y gracias a los esfuerzos de Francisco Carbonell, expresaba claramente en los estatutos su corte separatista.

En Camagüey, Pinar del Río, Cienfuegos, Cárdenas, Colón nacen otras agrupaciones catalanas y se crean también sociedades de carácter puramente artístico como las famosas Collas de Sant Mus y de Monserrate, que tanto color brindaron a las tradicionales fiestas catalanas de Matanzas.

Sin embargo, la más activa y feroz de estas organizaciones fue, sin duda alguna, el Centre Català de La Habana. El Centre, fundado a finales del siglo XIX como una sociedad de instrucción y recreo, varía toda su orientación en el año 1911 y gracias a su casi eterno presidente y más encarnizado promotor, José Conangla y Fontanilles, deviene el más importante núcleo del separatismo catalán fuera de España.

En 1911 y a instancias de Conangla, el Centre Català de La Habana aprueba una declaración de principios en la que se afirmaba: "El Centre cree que el Estado Español se halla en el deber inmediato de satisfacer a Cataluña su aspiración de autonomía, no por concesión precaria sino para el mejor desarrollo de la vida y las iniciativas catalanas y como medio de mutua convivencia y de la más franca inteligencia entre Cataluña y las Regiones Hermanas".

Con este programa —que se hace más radical con la declaración de 1923 contra la monarquía española y la dictadura de Primo de Rivera— el Centre desata una campaña que tiene su clímax en la Asamblea Separatista de La Habana, celebrada en 1928 y en la cual participa el propio Francisco Macía, líder del movimiento independentista.

José Conangla y Fontanilles, en la cúspide de su carrera política, consigue que su Proyecte de Constitució de la República Catalana sea aprobado en la Asamblea habanera y que incluso se adopte la bandera de la "estrella solitaria" como símbolo de la Cataluña independiente...

Muchos años después, en 1965, Conangla muere sin ver logrado el más elevado de sus sueños. El 18 de mayo recibía sepultura en el cementerio de Colón de La Habana, pero en sus manos apretaba un puñado de tierra catalana que en 1937 su hija había traído a Cuba y que, al morir, su nieta se la entregaba para siempre... El 18 de septiembre de 1971, seis años y cuatro meses después de su muerte, en Montblanc, su pueblo natal, se le organizaba un homenaje a aquel romántico empedernido y se inauguraba una lápida en su memoria. Además, desde ese día uno de los pasajes que atraviesa una de las puertas de las murallas de Montblanc lleva el nombre de José Conangla y Fontanilles.

La nostalgia sigue siendo igual que antes

El altar mayor de la Ermita de los Catalanes donde hoy se celebran los 150 años de la Beneficencia, está ocupado por una virgen de rostro oscuro, eternamente sentada: es la Virgen Moreneta, aquella imagen hallada por el monje Quirico y que tuvo su primera ermita en el año 546. Desde el siglo XI la virgen tuvo un monasterio en las impresionantes montañas de Monserrat, muy cerca de Barcelona, y esa diosa negra representa desde mucho antes el espíritu catalán. Por eso, estos emigrantes la han traído consigo y le han consagrado ermitas como ésta, donde vienen a recordar las montañas agresivas que rodean al viejo monasterio de Montserrat y a dar rienda suelta a sus ancestrales nostalgias.

Mientras estos hombres y mujeres, los últimos catalanes llegados a Cuba, escuchan la misa del aniversario y viven sus recuerdos, pienso que otros catalanes como ellos, también entre nostalgias y oraciones, en realidad ayudaron a hacer la América: el desarrollo de la instrucción pública en esta isla del Caribe, debió su despegue en el siglo XIX a muchos catalanes que fundaron, entre otros, el renombrado colegio de los Escolapios de Guanabacoa, el de Coll de Valdemira y Pelegrín Ferrer en Santiago de Cuba (1861), el conservatorio musical Prellade, o la escuela El Progreso de Cárdenas. Además, un catalán como el padre Benito Viñes llega a dirigir el Observatorio de Belén (1870) y escribe tratados sobre los huracanes de Las Antillas; y su compatriota, el filólogo y frenólogo Mariano Cubí Soler funda la importante revista Bimestre de Cuba.

Al mismo tiempo, otros catalanes, a diferencia de Gener y Batet, se alistaron en las tropas independentistas para luchar por la libertad de Cuba: José Miró Argenter, el más reconocido de ellos, alcanzó los grados de general y fue jefe del Estado Mayor de Antonio Maceo; Ramón Pintó, que resultó ser uno de los primeros conspiradores contra el poder colonial; el padre Pedro Soler, que se une a Carlos Manuel de Céspedes después del Grito de Yara... Y también fue catalán Federico Capdevilla, capitán del ejército español y apasionado defensor de los estudiantes de medicina condenados por Gener en 1871.

Termina la misa y bajo la tela que dice Por la Caridad y por Cataluña se reúnen los catalanes, con sus hijos y nietos cubanos y alguien pide: Una sardana, una sardana...

Comienza la música y tomados de la mano, los bailadores forman pequeñas ruedas, casi siempre familiares. Van al centro, se alejan, alzan y bajan los brazos y otra familia se incorpora a esta rueda que crece. Allá sucede lo mismo con otra rueda y también con aquella. La pequeña coreografía fragmentada en círculos pequeños que se abre y, al final queda un gran círculo, una sola rueda de hombres y mujeres, catalanes y cubanos, tomados de la mano, bailando la danza ancestral de la patria lejana, mientras en los rostros alternan las lágrimas y las risas... Es la historia natural de las nostalgias y es la vida de estos hombres y mujeres, catalanes prendidos para siempre en la historia de Cuba.

Bibliografía y agradecimientos:

Para la elaboración de este trabajo han sido consultados, entre otros, los libros y artículos de Carlos Martí, Joaquín Roy, Dolores Murillo, Ernesto Chávez y Josep María Carandell y Leopold Pomés, así como El Libro de Oro, editado por la Beneficencia Catalana en 1940, por su centenario.

Quiero agradecer asimismo su inestimable colaboración al profesor Manuel Moreno Fraginals por sus acertados análisis; a Josep Rovira, por sus testimonios y escritos; a Luis Díaz Viana, historiador español; a Joan Alemany, historiador de Náutica; a los profesores Amparo Borrero y José L. De la Tejera y a la directiva de la Sociedad Catalana y a la Televisión Española, por su cooperación para la escritura del guión del documental Catalanes en Cuba.

1990

LA HISTORIA Y LA LEYENDA

Una cacería de fantasmas

Mantilla era tan joven y tan pobre que no tenía leyendas, fantasmas ni historia remotas. No había siquiera un cementerio, propicio a los aparecidos, y el santo de la iglesia jamás realizó ningún milagro memorable. Nunca tuvimos algo así como una dama acaudalada y neurótica —cualidades indispensables— que en oscuras noches de lujuria se dedicara a juegos prohibidos, y engendrara voluptuosos rumores.

Por eso, cuando en la única colina del barrio apareció aquel castillo con pretensiones neoclásicas y techos rococós de sonoridades galas, la imaginación de la gente se inflamó como vela que se agita con vientos favorables. Y surgieron historias insólitas, maravillosas, espeluznantes a veces, aquellas leyendas que, un día de 1965, armados de palos y tirapiedras, fuimos a desentrañar El Conejo, Felicio el Negro y yo... Pero esto sucedió cuando el primer fantasma visto en el castillo debía tener, al menos, cincuenta años de soledad.

Juan Padura levantó la cabeza cuando oyó las explosiones y corrió hasta el mostrador de su desvencijado puesto de frutas. Aún no había nacido ninguno de sus diez hijos y era el joven más ágil del barrio. Y desde allí, envuelto en la fragancia pegajosa de los anones y guayabas, el hombre que cuarenta años después se convertiría en mi abuelo, observó atónito la hilera de automóviles que ascendían por el polvoriento camino que unía a Mantilla con el Calvario.

"Son la gente del castillo", gritaban los muchachos que corrían tras los fotingos, y gracias a su agilidad de perro sato, Juan Padura cerró el negocio y en menos de un minuto se incorporó a la comparsa de curiosos que perseguían a los rígidos y elegantes automóviles. Ese día de 1917 se produjo el mayor acontecimiento en la historia del barrio: los moradores del castillo celebraban su inauguración, que coincidía con las nupcias de Octavio Averhoff —el desdichado rector de la Universidad habanera que luego sería bautizado como Coquito— y Celia Sarrá, la hija del magnate Ernesto Sarrá, el hombre que había construido aquella casona de recreo como inmejorable regalo de bodas para su querido retoño.

La construcción del castillo de la finca de San Carlos —conocido desde su inauguración, en cambio, como castillo de Averhoff— había comenzado cinco años antes, en 1912, y allí Juan Padura se ganó la vida como albañil. Y todavía recuerda que sus imperecederas paredes fueron levantadas con piedras azules extraídas de una cantera cercana, y talladas a mano. Me dice que las tejas habían viajado desde el lejano Chicago. El granito y los mármoles de la más distante Italia. La madera, de alguna selva sudamericana. El resultado fue una construcción de tres plantas, una para recibir visitas y organizar fiestas; otra para los moradores y huéspedes; y la superior para albergar a los cuarenta criados que los días entre semana solían matar el aburrimiento lanzando escupitajos desde las altísimas ventanas.

Porque Octavio Averhoff y Celia Sarrá nunca hicieron de esta rica mansión su residencia habitual. Sólo venían al castillo por pequeñas temporadas y con muchos invitados. Entonces se realizaron allí brillantes saraos animados con viejos ragtimes y modernísimos charlestons, fiestas bullangueras que los moradores de Mantilla, tal vez con razón, convirtieron en intrépidas orgías, aderezadas con mujeres desnudas bañándose en la pequeña laguna artificial, con importantes políticos y comerciantes poderosos que corrían con las portañuelas abiertas, y toneles del mejor vino francés que, una vez vaciados, rodaban por la pendiente carretera que conducía al edificio.

Sin embargo, ninguna de estas insólitas actividades logró borrar de la memoria colectiva la imagen —ya convertida en inquietante fantasma— de Nino Mano de Piedra, el capataz que, por una cuestión de faldas (y pantaletas) había sido acuchillado en la última planta del entonces inconcluso castillo, mientras sus gritos de agonía fueron escuchados, hasta tres horas después de su muerte, en todos los rincones del barrio.

A partir de 1930 Octavio Averhoff hizo más esporádicas sus visitas a la finca San Carlos. El antiguo rector se había enganchado, en mala hora, en la sangrienta carroza del dictador Machado. Coquito no era un hombre con fuerza de voluntad y carácter decidido. Por ello, al convertirse en Secretario de Instrucción Pública del Asno con Garras, se transformó en el

El viaje más largo

componedor legal de las arbitrariedades del régimen y, por último, sobre su conciencia cayó el asesinato del líder estudiantil Rafael Trejo, cuando ordenó al verdugo Rafael Carrera, jefe de la policía, que impidiera el desfile de los universitarios, aquel 30 de septiembre de 1930.

Y tres años después, cuando al fin cayó la tiranía, su lujosa finca de recreo recibió la ira popular que Averhoff esquivó huyendo al extranjero… Juan Padura, que entonces tenía ya nueve de sus diez hijos, recuerda todavía la enardecida caravana de revolucionarios que aquel día de 1933 se dirigió hacia el castillo de Averhoff para mancillar la odiosa imagen de su dueño. El recuerdo más sonoro que alberga la mente nonagenaria de Juan Padura fue el de un gran piano de cola lanzado desde la segunda planta del edificio. El piano voló como una paloma herida, para estrellarse, con un estruendo de notas cruzadas y absurdas, en medio de la carretera.

Sin cortinas, con los pisos levantados y las rejas torcidas quedó en 1933 el castillo de Averhoff. Pero sus paredes de piedra azul permanecieron intactas, como las encontraron, seis años después, los miembros de la familia de Pablo Cancio.

Hasta 1939 el edificio —convertido en propiedad estatal— fue ocupado por la 15 Estación de Caballería. Mas, al ser devuelto a su dueño —que no tenía las menores intenciones de regresar a Cuba—, su apoderado, el doctor Ricardo Lombart, puso la finca al cuidado de Pablo Cancio.

Entonces se multiplicaron las leyendas del castillo y los Cancio sufrieron las consecuencias. El establecimiento temporal de la estación de caballería fue suficiente para que, durante los gobiernos de Grau, Prío y Batista, se buscaran una y otra vez los pasadizos y túneles que debían unir a la antigua finca de recreo con el castillo de Atarés —¡al otro extremo de La Habana!—, para que se indagara por inexistentes depósitos de armas y pólvora, y se espulgara cada centímetro de la finca en persecución de cualquier misterioso subversivo. Así creció la orla de leyendas alrededor de los secretos del Castillo, a las que se unió el rumor de la existencia de un orangután capaz de estrangular a ciertos prisioneros, aunque allí nunca hubo prisioneros y sólo vivió, hasta su tranquila muerte, una pequeña monita que Pablo Cancio había traído de Nicaragua.

Aquel día de 1965 El Conejo, Felicio y yo llegamos a un lugar lóbrego y desolado. Aún no habían arribado los efectivos de la unidad militar que, en los próximos años, se asentaría allí. Pero el estado de abandono que reinó con la partida de los Cancio, nos hizo pensar que realmente allí debían existir fantasmas mezclados con historias de sangre, amor ilícito y hechos de guerra.

Unas cadenas torcidas en el vestíbulo nos permitieron imaginar horribles torturas; una pared tapiada con ladrillos rojos nos hizo sospechar la presencia de algún pasadizo; un hueco en el piso, justo contra los cimientos, le arrancó una exclamación al Conejo: "Mira, seguro que aquí estuvo enterrado el tesoro de Averhoff"... Los excrementos de murciélago regados por el piso, lógicamente, nos confirmaron la presencia de algún fantasma, pues, como se ha demostrado, donde abundan los murciélagos suele haber aparecidos. O viceversa.

Pero los tres niños que éramos en 1965, armados de palos y tirapiedras, sólo pudimos observar el interior del castillo a través de unas sólidas rejas. Y, luego, nunca logré satisfacer mis deseos de entrar en aquel misterioso recinto que, durante cinco décadas, había calentado la imaginación estéril de los mantilleros. Hasta un día de 1984 en que, con más nostalgia que oficio, regresé a este lugar de tranquila y ecléctica belleza, donde nunca hubo fantasmas, ni túnel secreto, ni siquiera un vulgar mono torturador. Volví a este sitio donde los ruidosos Berliet, que durante algunos años reunió allí una empresa constructiva, habían dejado su espacio a la sede del Comité Ejecutivo del Poder Popular de La Habana, que se aloja allí desde 1976.

Regresé, y entre autorizaciones y permisos gratos a los burócratas, no pude evitar que me asaltaran los recuerdos dulces de aquella época de aventureros, cuando éramos muy jóvenes y también muy felices.

1984

Ingenio Santa Isabel, leyenda de sangre, historia de azúcar

A unos diez metros de la carretera que une a Nuevitas con San Miguel, en plena llanura camagüeyana, se levantan impertinentes, con pretensiones de eternidad, los restos calcinados del controvertido ingenio Santa Isabel. Una valla anuncia a los visitantes que seguramente se detendrán a observar las enigmáticas ruinas de la fábrica, que éste es el "Ingenio Santa Isabel del Castillo. Perteneció al general Ángel Castillo Agramonte. Fue destruido por los españoles en 1868..." Entonces los visitantes se acercarán a la torre de las calderas, construida con inmutables ladrillos rojos; estudiarán admirados los gigantescos engranajes, forjados por la West Point Foundry, de Nueva York, allá por 1851 y 1852; observarán la caldera, mordida por la lluvia y el sol; y seguirán con la vista el canal por donde, alguna vez, corrió el guarapo, ¿o la sangre?

El central que nunca molió

Aquel extraño amanecer de 1865 el ingenio Santa Isabel —que todavía no se llamaba Santa Isabel— brillaba como un diamante. Y, en realidad, lo era: aquella fábrica construida con la más moderna tecnología para la producción azucarera, constituía la joya más preciada del clan de los Castillo Agramonte, distinguidos miembros de la rica sacarocracia camagüeyana que, tres años después, se levantarían en armas tras la bandera independentista de Carlos Manuel de Céspedes.

Pero aquel día la guerra todavía parecía un sueño remoto y Ángel Castillo Agramonte, el propietario principal del ingenio, sonreía satisfecho aunque melancólico, ante la belleza mecánica destinada a moler caña de azúcar. En su mente revoloteaba el posible apelativo con que bautizaría la fábrica, y el nombre de Doña Carmen, su desafortunada esposa muerta cinco años antes, cuando apenas sobrepasaba la mayoría de edad, le parecía el mejor homenaje a la madre de su hija Isabel.

Unos minutos antes de que comenzara la ceremonia de inauguración, Ángel Castillo Agramonte hizo un aparte con su cuñado, Juan Bajés y Montagut, hermano de Doña Carmen y codueño del ingenio, y le consultó el nombre con que sería definitivamente conocida la fábrica de azúcar.

A las diez en punto de la mañana, en una engalanada carroza tirada por dos alazanes de cuello perfecto, llegó al ingenio la pequeña Isabel Castillo Agramonte y Bajés, acompañada por Doña Concepción, la esposa de Don Juan, y un párroco de vientre abultado —según las malas lenguas por su afición a la cerveza—, especialmente traído desde el Camagüey para bendecir la nueva propiedad.

La dotación de esclavos, ubicada a unos 40 metros del trapiche, observó en respetuoso silencio la llegada tormentosa de la pequeña Isabel, que lucía esa mañana un vestido de cintas rosadas, especialmente arreglado para la importante ocasión. Más cerca del ingenio cuatro esclavos, atentos a los movimientos de Don Pastor, el viejo vizcaíno maestro de azúcar, montaban guardia junto a dos carretas cargadas de caña, cortadas esa misma mañana para emplearlas en la histórica, irrepetible primera molida.

Después del saludo y las bendiciones preliminares, el sacerdote se acercó al ingenio y, rociando abundante agua bendita, recitó con voz estruendosa sus habituales latinajos y recordó el salmo bíblico —tan a tono con la ocasión— en que el Señor le dice a David: "Y te daré por heredad las gentes, y por posesión tuya los términos de la tierra". Concluida la oración, el propio Ángel Castillo Agramonte se dirigió a la máquina de vapor, ya preparada, y la puso en funcionamiento, provocando un movimiento de mecánicas rígidas y amenazadoras que fue saludado con una ovación de amigos y parientes achispados por el alcohol.

Mientras que el párroco consultaba a los dueños del ingenio el nombre que este recibiría —nombre que debía ser dicho en el acto de bautismo, cuando el guarapo llegara a la caldera—, el maestro de azúcar, Don Pastor, levantó su breve mano derecha y los esclavos que esperaban la señal aguijonearon los bueyes y los condujeron hacia el tándem. Las voces de mando que dirigían a Lucero y Canelo, Piedra Fina y Pajarito, se confundieron con la algarabía de los invitados, cuando se escuchó un grito fino y desgarrador, capaz de detener hasta la rotación del mundo.

Los presentes, ahogadas risas y palabras, corrieron hacia el canal, por donde empezaba a correr un guarapo terriblemente rojo, moteado con jirones de tela rosada: la pequeña Isabel Castillo y Bajés, demasiado atraída por el espectáculo, había resbalado y caído en el molino. Su cuerpo frágil fue triturado así, como una caña más.

Detenida al fin la mecánica de la potente máquina, Ángel Castillo Agramonte y varios esclavos, empezaron a extraer los fragmentos dispersos del cuerpo destrozado... Una carreta de caña y la vida de la pequeña heredera, fue lo único que molió aquel ingenio que, desde entonces, se conocería como el Santa Isabel, sin necesidad de bautismo y donde, según cuentan en Nuevitas, jamás se produjo ni una libra de azúcar.

La otra cara de la historia

La leyenda triste y sangrienta de aquel ingenio Santa Isabel que tres años después sería quemado por las fuerzas españolas, prendió en la mente de los habitantes de Nuevitas, San Miguel y El Bagá y todavía muchos la pueden recitar de memoria: El Santa Isabel —aseguran—, el ingenio que nunca molió.

Sin embargo, la realidad es menos tremebunda y lo cierto es que el ingenio Santa Isabel sí molió: su historia de sangre, también atribuida al cercano central Oriente, no ha sido comprobada, pero sí existen datos que atestiguan una producción de 12.500 arrobas de azúcar anuales, elaboradas por esta fábrica hoy en ruinas.

Propiedad de Juan Bajés y Ángel Castillo Agramonte, este nuevo ingenio donde trabajó una dotación de 62 esclavos, había sido con anterioridad un pequeño trapiche, inaugurado a finales del siglo XVII y hacia 1865 fue totalmente reedificado, con una excelente y novedosa tecnología. Por esta época el Santa Isabel llegó a costar unos cien mil pesos.

Tres años después de su nueva construcción, efectivamente el ingenio fue destruido por las tropas del conde de Balmaseda —un hombre iracundo que sobrepasaba las 300 libras— quien cañoneó el batey y destruyó parcialmente la fábrica, días después de efectuarse el combate de Bonilla, el primero de los patriotas camagüeyanos que se unieron a la

gesta del 68. En este cañoneo al Santa Isabel —motivado por el hostiga-
miento que, en esta zona, recibían los soldados españoles y como represa-
lia contra su dueño principal—, murió Nasario Castillo Agramonte, uno
de los hermanos de Ángel.

No obstante, la estirpe de los Castillo Agramonte no se amilanó por
las dos pérdidas: Ángel, dentista de profesión, combatió con sus tropas
en esta zona, quemó dos veces el puerto de El Bagá y murió en septiembre del año siguiente, cuando sobre sus hombros ya lucía las insignias de
mayor general del Ejército Libertador; Francisco, otro de los hermanos,
llegó a coronel y combatió en la zona de El Bagá y San Miguel; Martín,
el último de los Castillo Agramonte, estuvo en Nassau trabajando para la
revolución y desde allí contribuyó a la preparación y financiamiento de la
expedición del Galvani, comandada por Manuel de Quesada...

Ahora las dos historias de este ingenio cohabitan como un matrimonio muy viejo entre unos restos que se niegan a desaparecer. La imaginación y la realidad parecen ser la argamasa eterna que sostiene en pie
esta fábrica calcinada, detenida para siempre hace más de cien años, justamente cuando iba a comenzar su cuarta zafra. La lluvia, el sol y la rabia
del ejército colonial español no han bastado para destruir las evidencias
materiales de una remota leyenda. El ingenio que nunca molió sigue en
pie, soñando.

1984

LAS PARRANDAS REMEDIANAS:
EL CUMPLEAÑOS DEL FUEGO

Al fin la Parroquial Mayor de Remedios puso a sonar sus campanas con un toque de rebato. Durante los últimos 364 días todos los habitantes de este pueblo villareño han vivido aguardando este momento preciso. En las semanas finales la espera se convirtió en ansiedad y por eso, con el sonido sordo e inconfundible de las campanas sagradas, se levanta una algarabía incontenible. Son las diez de la noche del último sábado de diciembre y los miles de personas que se aprietan en la plaza central de la villa cantan y bailan mientras las trompetas y trombones la emprenden con una vieja polka, tan familiar para los remedianos como el toque de bronce vivo de las campanas de su vieja iglesia, maravilla arquitectónica del barroco de Indias.

A cada lado de la plaza, frente a la iluminada parroquia, dos estructuras gigantescas, hechas de luz y movimiento, han encendido sus bombillas intermitentes y puesto a funcionar sus mecánicas fluorescentes. El cielo, de pronto, se convierte también en una lluvia de fuego multicolor y desde el ala oeste de la plaza avanza una avalancha de bailadores tras las farolas y las banderas rectangulares marcadas con un orgulloso gallo blanco. Son los "sanserises", la gente del barrio de San Salvador, que inician este año la ceremonia de saludo, mientras sus eternos rivales, los "carmelitas" del barrio del Carmen, esperan su turno para lanzarse al baile y el fuego. Es la apoteosis de la luz y del color, de la pirotecnia y el estallido retumbante de la pólvora, del baile y el canto...

Después de todo un año de espera y de trabajo, acaba de comenzar otra edición de las parrandas de Remedios, una tradición nacida hace más de 170 años y que constituye, sin margen a la duda, una de las fiestas populares más locas y maravillosas de todo el mundo.

Nace una fiesta

Cuando el padre Francisquito convocó a los muchachos de Remedios, durante las Navidades de 1820, su propósito no era inventar las parrandas. Francisco Virgil de Quiñones, entonces párroco de aquella villa tres veces fundada y asolada en otros tiempos por piratas, plagas y hasta legiones de demonios, sólo pensó que un poco de alegría y bulla no vendría mal para atraer a los feligreses a su hermosa iglesia, y celebrar con alegría la fecha más importante de la religión cristiana.

Por eso, aquella noche histórica del 16 de noviembre de 1820, justo a las dos de la madrugada, un grupo de jóvenes hicieron retumbar las casas del pueblo, con su estrafalaria música de matracas, cazuelas con piedras y campanas de mano, tocadas sin orden ni concierto. La crónica no recoge si el padre Francisquito logró su propósito de llenar la iglesia: sin embargo, sí cuenta que al año siguiente aquellos jóvenes y otros que pronto se aficionaron a la bullanguera y poco sacra procesión, volvieron a recorrer las calles de Remedios y posiblemente lanzaron al aire el primer fuego de artificio. Tal vez desde aquella época los moradores de un barrio fueron a despertar con su música a los del barrio vecino y, en respuesta, estos fueron y cantaron en el barrio de aquellos. Pero la insólita iniciativa del cura había dado origen ya a las célebres parrandas de Remedios.

Los habitantes del pueblo olvidaron muy pronto el carácter religioso de aquella celebración que, con increíble facilidad, se había insertado en sus vidas. Por eso, durante varias décadas —y sin prestar oídos a ciertas prohibiciones del gobierno colonial— los habitantes de los ocho barrios en que entonces se dividía San Juan de los Remedios salían a parrandear en las noches frescas de diciembre, obedeciendo sólo al impulso de su alegría y al son de los más estrafalarios instrumentos musicales.

Fue hacia 1871 que las parrandas empezaron a tomar el carácter definitivo que les llega hasta hoy. Ese año los comerciantes españoles Cristóbal Gilí y José Celorio consiguen reagrupar los barrios en dos bandos bien demarcados: los que vivían a la derecha de la plaza serían los parranderos de El Carmen, mientras los del sector opuesto serían los de San Salvador. Muy poco después, por 1880, los músicos Laudelino Quinteros y Perico Morales compusieron las polkas que identificaban a cada bando, mientras las insignias de los barrios se hacían definitivas: el gallo representaría a San Salvador y el gavilán y el globo aerostático se convertiría en el emblema de El Carmen.

Fue también por esa época que a estas fiestas se le agregaron otros dos signos distintivos, insustituibles. El primero de ellos fue la algarabía multicolor de los fuegos artificiales, una interminable orgía de pólvora y candela que sacude los cimientos del pueblo durante varias horas; y los llamados "trabajos de plaza", verdaderas construcciones artísticas de acero, madera, cartón, tela y luces que, en lados opuestos de la plaza, levantan los barrios cada año, dando una interpretación plástica de un tema histórico, mitológico o de actualidad.

Las parrandas eran ya para siempre una parte inseparable de la idiosincrasia remediana, y su fama se extendió al punto de que, a finales del XIX y principios del siglo XX, la tradición fue asimilada por otras poblaciones de la región central de la isla y, con sus variaciones particulares, surgieron las parrandas de Camajuaní, Zulueta, Caibarién, Yaguajay, Vueltas, Calabazar de Sagua, Quemado de Güines, Chambas...

Anatomía de la parranda

Lejos ya de su origen religioso, las parrandas remedianas se convirtieron en una fiesta anual cuyo único sentido es la diversión, y desde hace algunas décadas se efectúan el último sábado del año. Ese día se iluminan los trabajos de plaza y se hacen volar cientos de miles de fuegos artificiales. La fiesta dura desde la diez de la noche hasta el amanecer del domingo, cuando los dos barrios "corren el triunfo", pues ambos se consideran vencedores. Y ese mismo domingo, mientras se comentan los resultados de la parranda recién finalizada, comienza a prepararse la del próximo diciembre. El parrandero vive 364 días y medio de expectación para gastarlo todo en menos de doce horas.

Sólo un remediano puede entender a cabalidad el significado aparentemente insólito de este desenlace efímero para el cual es necesaria tanta dedicación. Pero es que la parranda ha generado su mitología y su modo de vida, su propia espiritualidad de guerra abierta y fraternal, y el sentido de la pertenencia barriotera en cada habitante de esta ciudad. El remediano crece y se educa como parrandero y, mientras un gallito pintado sobre una tela roja hace llorar a cualquier persona nacida en San Salvador, un simple gavilán o un globo sobre un fondo carmelita estremece los sentimientos de los moradores de El Carmen. Para ellos, la patria y la vida empiezan ahí, en su barrio, y ser sanserises o carmelitas es ser doblemente remedianos. Es común, por ello, que el día de la parranda regresen a su pueblo muchos remedianos dispersos por la isla e, incluso, algunos radicados más allá de sus costas. Estar en la parranda es estar en la vida a la manera remediana...

Entonces se entiende por qué los dos barrios se empeñan en ser el mejor animador de la parranda ese único día del año que bien vale el sacrificio y la abnegación de tantos meses de esfuerzo silencioso, pues en el efecto inesperado está una de las cartas de triunfo. Hasta las diez de la noche del Día Cero todo el trabajo de cada barrio se mantiene en el más estricto secreto. Así, "la estrategia de fuego" —nombre de guerra con el que designan la forma e intensidad de los voladores de pólvora—, el desarrollo del saludo de apertura, el tema del trabajo de plaza y los efectos de las carrozas, apenas son conocidos en su totalidad por los directivos de cada barrio, que deben esconder sus planes con celo infinito, pues una infidencia —o el resultado de un espionaje enemigo bien efectuado— puede echar por tierra la sorpresa con que se pretende desconcertar al contrario. Nada se parece más a una guerra que las parrandas de Remedios.

Por ello, para la preparación de las carrozas y los trabajos de plaza, cada bando ha construido su propia nave, a la cual sólo tienen acceso los elegidos. Allí se fraguan los proyectos, siempre con la seguridad de que el oponente jamás podrá imaginar la calidad, el lujo y la temática escogida para la ocasión. Los del Carmen y los de San Salvador siempre confían en la victoria de esta fiesta alocada que, para completar su carácter maravilloso, es competitiva pero no tiene jurado... Ganará, por tanto, el mejor, es decir, los dos.

Gracias por el fuego

Comienza la fiesta. El barrio de San Salvador tiene treinta minutos para presentar su saludo y mientras los gallardetes y farolas bailan junto a la inviolable frontera que divide los dos territorios, el cielo se llena de estelas fugaces. El trabajo de plaza enciende sus siete mil bombillas y las luces intermitentes giran como un mecanismo brillante y poderoso. En la calle se han prendido estrellas y cascadas de pólvora que despliegan cortinas de luces rojas, verdes, blancas y amarillas. Debajo de la pólvora que se consume, bailan impávidos los sanserises, al son de su polka y como si el fuego fuera solo un puñado de confetis... Media hora después las campanas de la iglesia vuelven a repicar. Ha terminado el tiempo de El Salvador y le toca ahora su turno a El Carmen.

Al terminar el segundo saludo, en la plaza repleta, las gentes bailan al ritmo de una conga tocada por los partidarios de cada barrio. Allí también están los visitantes de los pueblos vecinos y, por supuesto, los remedianos "ausentes", llegados la noche anterior y sumados desde entonces a la barra de su zona de origen.

Termina la conga y viene lo que más esperan los remedianos: los intercambios de fuego, es decir, el lanzamiento continuo y alternativo de fuegos artificiales que, con plazos de sesenta minutos para cada grupo, se extenderá sin pausas durante tres, cuatro, cinco horas... o mientras haya pólvora. Viendo la interminable locura de fuego que entonces se desata, bien se puede pensar que el cura José González de la Cruz tenía algo de razón cuando descubrió una de las bocas del infierno en las inmediaciones de esta villa y exorcizó a varios remedianos poseídos por legiones de demonios al mando del mismísimo Lucifer. Existe aquí, a no dudarlo, un regusto primitivo del fuego por el fuego, una bacanal de explosiones y llamas, un desafío constante al peligro que hace recordar otras dos famosas fiestas tradicionales: los sanfermines de Pamplona y los carnavales de Río de Janeiro. El largo combate de los artilleros de Remedios es una escena indescriptible, que se realiza en la belleza efímera de una estela de luz en el cielo y en la hombría de quienes una y otra vez encienden los voladores y morteros, expuestos siempre al fuego.

Mediada la madrugada, el fuego cesa por un tiempo: es el momento en que saldrán las carrozas, unos bellos y gigantescos artefactos móviles cuyo destino es recorrer unos escasos cien metros, hasta el frente de la iglesia, y deslumbrar en ese breve espacio a los asistentes a la fiesta. Porque, hasta ese instante, el tema representado por cada bando ha sido una incógnita que se despeja sólo con la puesta en marcha de la carroza y el encendido de todas sus luces. Los temas pueden ser tan disparatados como una carroza convertida en plataforma espacial de la Guerra de las Galaxias, en palacio mesopotámico, en foro romano o en lo que la imaginación de los remedianos haya fraguado esa vez.

Y entonces llega el temible epílogo: quienes pensaban que habían visto fuego, humo y respirado olor a pólvora, estaban sencillamente equivocados, porque las mejores demostraciones de fuego estaban reservadas para estos momentos finales, en que hasta los centenarios muros de la parroquial mayor parecen temblar por los efectos de un terremoto.

Y llega al fin el instante de correr el triunfo. Las congas de "desafío" se lanzan a la plaza a recibir el nuevo amanecer, y los dos barrios bailan la victoria. La fiesta efímera está por terminar y, entre fogonazos aislados, los eternos rivales se abrazan y reconocen los méritos del contrario. Algunos matrimonios de sanserises y carmelitas hacen las paces luego del divorcio obligatorio de doce horas, que cada uno pasó entre los de su barrio. Los ojos inyectados de sueño observan por última vez las carrozas detenidas, los trabajos de plaza apagados, y cada quien piensa que, de verdad, su barrio había sido el mejor... como siempre. Y, entre adioses, los remedianos se prometen que, eso sí, el año próximo sus contrarios van a saber de lo que ellos son capaces. Ha empezado ya otra parranda remediana.

1987

LA LARGA VIDA SECRETA DE UNA FÓRMULA SECRETA
Los misterios de Bacardí

Facundo Bacardí y Mazó había nacido frente al mar y vivía enamorado de sus azules encantos. El perfume de las algas, el rumor incesante de las olas, la brisa cargada de salitre se le antojaban olores, susurros y caricias que ni siquiera Lucía Victoria, su amantísima esposa, le podía regalar con tan sostenida sensualidad. Por eso, cada mañana de su vida, desde los días lejanos de su asentamiento en Santiago de Cuba, buscaba cualquiera de las muchas elevaciones de la villa y pasaba los primeros minutos del día contemplando la plácida tranquilidad de un mar envuelto entre las montañas. Y entonces pensaba, como buen catalán de Sitges, que por aquel mismo mar, alguna vez, le llegaría la fortuna definitiva que durante tantos años había perseguido, hasta ahora sin éxito.

Tal vez su amor por el mar y sus sentimientos de predestinado hicieron que aquel catalán emprendedor y tozudo decidiera, a finales de los años 50 del siglo XIX, convertirse en consignatario de las ruinosas goletas que viajaban entre Santiago de Cuba y las islas del Caribe. Su pequeña oficina, por supuesto, tuvo una ventana —abierta como un abrazo— sobre la apacible bahía... Pero Facundo Bacardí y Mazó ya no podía limitarse a contemplar el mar. Por eso, el día más memorable de su existencia, sin pensar por un instante que su vida estaba a punto de cambiar para siempre, abordó una de las goletas de la compañía y salió a navegar por las Antillas, sintiéndose un nuevo conquistador tropical.

Cuentan que corría el año de 1860 cuando Facundo Bacardí, a bordo de "La Esperanza", partió de la ciudad. La última escala del viaje que cambiaría el destino de don Facundo Bacardí fue la isla francesa de La Martinica, a la que llegaron en el mes de octubre, cuando un ciclón empezó a barrer el Caribe. La nave, fondeada en puerto, esperó la muerte del huracán y, mientras tanto, Facundo Bacardí empleó su ocio en beber el aguardiente pendenciero que bajo el nombre de tafia se vendía en las tabernas del puerto. Y una noche de tragos quiso la suerte que Facundo Bacardí, en medio de una antológica borrachera, le prometiera a un francés, rubio y

Leonardo Padura

refinado, un sitio en "La Esperanza" para trasladarlo a Santiago, de donde el viajero debería partir hacia la lejana patria.

Coqueteando con su destino, Facundo Bacardí hizo una rápida amistad con aquel hombre que había embarcado con dos baúles en los que sólo cargaba buenos litros de un ron dulzón y extrañamente despojado de la dureza del famoso ron jamaicano que bebían los santiagueros y todos los buenos bebedores del Caribe. La amistad se tornó tan profunda que, mientras esperaba la salida del barco que lo llevaría a Marsella, el francés se alojó en la casa de Facundo y cada mañana salía con él a contemplar el inmenso mar.

La víspera de su partida, cuando bebían ya la última garrafa de ron, el francés le confesó a su amigo catalán que su oficio era vinatero y, en prueba de su agradecimiento eterno, le confesaría la fórmula secreta para fabricar aquel ron suave y fino, fuerte y agradable a la vez, con el que podría adueñarse del mercado de licores de la caliente villa de Santiago de Cuba. El francés habló y nació así el gran misterio de Bacardí y la historia de la fábrica de ron que, 140 años después, sigue produciendo el mejor ron del mundo, gracias a la celosa preservación de un ancestral secreto.

Turbulencia, tumulto: ron...

En aquellos días de 1860, Santiago de Cuba, no era, ni mucho menos, la plaza fuerte de los licores cubanos. Por aquel entonces sólo cuatro alambiques funcionaban con fines comerciales en la cálida ciudad y de sus torres de destilación apenas brotaba un aguardiente agresivo al paladar. El mercado del ron era patrimonio de la vecina Jamaica.

El origen concreto de ese invento prodigioso llamado ron es el primero de los misterios de su historia. En términos breves, el ron es la bebida perteneciente a la familia de los licores que se obtiene por la fermentación y subsiguiente destilación de las mieles del azúcar, y es sometido después a procesos de mezclas y envejecimientos. Por eso algunos suponen que la génesis de la palabra ron proviene de *sacharum*, aunque desde 1650 existía en las Antillas un tipo de aguardiente conocido como *rumbillion*, antiguo vocablo Devonshire que significa turbulencia o tumulto, términos que, con el tiempo, se han convertido en buenos sinónimos de ron.

Lo cierto es que la industria del azúcar en el Caribe propició, desde su inicio, la obtención de aguardientes. Jamaica, Cuba, Haití y el resto de las islas caribeñas pronto adoptaron esta producción secundaria a partir de la fermentación de azúcares. Pero la elaboración de rones, al parecer, tiene su origen en Jamaica, donde por primera vez se continúa la destilación del aguardiente para transformarlo en ron. El ron jamaicano de entonces era fuerte y quemante, de sabor recio y nivel alcohólico considerable, mas su consumo se fue asentando en las islas que pueblan el Mar Caribe.

Hacia 1820 empezaron a existir en Cuba las condiciones precisas para la futura fabricación de ron. Por ese año, José Agustín Govantes anota: "La prohibición de sacar mieles o los derechos que les han impuesto [para su exportación], nos han enriquecido con alambiques que nos producen 30.000 pipas al año. La prohibición o los derechos impuestos al ron y a los aguardientes extranjeros han naturalizado este ramo de la industria y no sólo satisfacen nuestras necesidades, sino también extraemos para el extranjero y aun para España".

Esta producción de aguardientes cubanos se obtenía de los 3000 establecimientos con alambique que, hacia 1827, contabilizaba el historiador Jacobo de la Pezuela, quien, además, asegura: "La destilación de aguardiente de caña es casi tan antigua como los mismos ingenios... Fabrícase en todas las fincas bien montadas, en un departamento anexo y a veces separado del edificio donde están montados los demás trenes y que lleva el nombre mismo del artefacto que contiene: el alambique".

Treinta años después una familia catalana, asentada en Santiago de Cuba, se convertiría, en rigor, en la primera empresa productora de ron cubano y su apellido en el nombre de la marca más cotizada del planeta: Bacardí...

Els catalans de les pedres fan pans

Mientras contemplaba el mar y pensaba en su esperada fortuna, Facundo Bacardí y Mazó gustaba repetir, en voz muy baja, la máxima que guiaba sus empeños de predestinado: "Els catalans de les pedres fan pans" (Los catalanes de las piedras hacen panes), frase que también resumía el espíritu emprendedor del pueblo que lo había visto nacer.

Facundo era oriundo del caserío de Sitges, muy cerca de Barcelona, y de su origen costeño le venía el amor al mar. Junto a varios de sus ocho hermanos se había lanzado en la aventura americana para asentarse en Santiago y en 1843, cumplidos los 30 años, desposó a la joven Lucía Victoria Moreau, una espléndida muchacha de 21 años, hija natural de una emigrada franco-haitiana y de un capitán de Napoleón, dueño del cafetal El Amor. Con aquella joven, Facundo formaría la estirpe luego famosa de los Bacardí Moreau.

Desde su llegada a Cuba, Facundo y sus hermanos trataron de imponer su empeño comercial. En la misma década del 30, Juan y Magín Bacardí Mazó aparecen asociados con otros catalanes en la regencia de un almacén de víveres y ferreterías, así como en una pulpería. Mientras, el mismo año de su matrimonio, Facundo establece con Juan Carbonell y Bory una tienda de mercancías varias en la calle Enramadas y poco después, abren una mercería en el cercano pueblecito de El Cobre. Sin embargo, las crisis comerciales que azotan a Santiago en la década de 1850-60 impiden el despegue de los empecinados hermanos. En 1852 Facundo sobrevive como comerciante gracias a la herencia de su Lucía Victoria, pero en enero del 55 le adeuda a Daniel Arabitg y a Clara Asti, más de 17.000 pesos, por lo que vende el comercio de El Cobre y el 22 de ese mismo mes acepta avergonzado lo que más temió en su vida: se declara en quiebra.

Justamente por los días en que la leyenda romántica ubica a Facundo Bacardí como consignatario de goletas, el empecinado catalán reaparece en los registros oficiales de la vida mercantil santiaguera asociado a su hermano Magín en un comercio mucho menos glorioso: en realidad se dedicaba a la venta de artículos de quincalla y efectos de escritorios... Y entonces, se supone, debió aparecer el anónimo y providencial vinatero francés, pues en 1862 los Bacardí se inician en el negocio de los licores.

De los cuatro alambiques existentes en Santiago hacia 1862, uno, "El Marino", propiedad de Manuel Idral y Compañía, pasó el 24 de febrero a manos de José Bacardí y Compañía, por lo que esta fecha es considerada como la del nacimiento oficial de lo que sería la fábrica de Ron Bacardí. Sin embargo, en el Libro de Propios del Ayuntamiento de Santiago aparece consignado (antes de que se efectuara el traslado del alambique de Manuel Idral), que José Bacardí y su socio, el francés José León Bouteiller, ya trabajaban con una licorera reconocida como Bacardí y Bouteiller, en la que habían otorgado un poder especial a Facundo para que la administrase. Y aparecieron entonces los primeros misterios en torno a la fabricación de este inigualable ron santiaguero: rápidamente el duro aguardiente que se obtenía de los alambiques adquiridos empieza a mejorar su sabor, en virtud de las mezclas paulatinas y los añejamientos que lo convierten en ron. Al mismo tiempo, los Bacardí y Boutellier dejan envejecer en barriles de roble —comprados a precio de remate a fabricantes de whisky, que los desechan por haber perdido su aroma original— cierta cantidad de aguardiente puro, que duerme en sus bodegas durante doce años y da lugar al primer ron genuinamente cubano: el cotizadísimo Bacardí 1873 o Extra Seco, exento de cualquier tipo de mezclas. Así, entre 1862 y 1874, las bebidas producidas por la fábrica de la calle Marina baja N°. 32, fueron mejorando su calidad gracias a mezclas insospechadas por otros licoreros cubanos y, poco a poco, empezaron a trascender el mercado nacional. Había nacido al fin, en Santiago de Cuba, y por medios enigmáticos, un ron suave y agradable, el mismo que apenas 30 años después de creado regresaría de la Feria Mundial de París con una Medalla de Oro y se convertiría en la marca de los Reyes de España. "El Rey de los Rones y el Ron de los Reyes".

Los misterios de Bacardí (I)

— ¿Los misterios de Bacardí? —le pregunto y Arturo García sonríe. Durante muchos años ha sido el jefe de producción de la fábrica de ron Caney de Santiago de Cuba: el hombre encargado de velar por la cantidad y la calidad de los rones que se fabrican en esta industria.

Aquí, en tres naves construidas por los descendientes del viejo Don Facundo, se produjo hasta 1960 el ron Bacardí, ya famoso en todo el universo. Pero ese mismo año, en virtud de la Ley de Nacionalización del nuevo Gobierno Revolucionario, la planta pasó a ser propiedad estatal y en estas mismas naves se desarrolló una dramática historia: había que fabricar ron, tan bueno o mejor que el Bacardí, a pesar de que los últimos dueños del consorcio habían partido al exilio, llevándose consigo los secretos que, durante noventa y ocho años, habían normado la producción del mejor ron del mundo.

— Pero los Bacardí se equivocaron —afirma Arturo García. Pensaron que nunca podríamos fabricar un ron de calidad, pero lo cierto es que sí lo fabricamos y ellos, con la fórmula secreta, no han podido hacerlo igual en otros países.

"Yo conozco bien esa historia, porque empecé a trabajar aquí en 1958, y debo decir que los obreros de la fábrica eran privilegiados. Se ganaban muy buenos sueldos, las condiciones de trabajo siempre fueron buenas, pero el problema era conseguir un puesto para entrar aquí. Como en la gerencia, que existía el clan de los Bacardí, en la producción sólo empleaban a los hijos o parientes de los antiguos obreros. Un coto cerrado, eso fue Bacardí, y dentro de ese coto existían unos pocos hombres de confianza que conocían los detalles de la tecnología específica de Bacardí, la cual se decidía en el Cuarto del Secreto, al que sólo tenían acceso los dueños y los fabricantes... Pero todo el mundo sabía cómo se fabricaba el ron, eso sí, porque en hacer ron no hay ningún misterio: aquí llega el aguardiente ya envejecido que antes fue destilado en la refinería. Como se sabe, el aguardiente se obtiene de las mieles finales que son fermentadas con agua, levadura y nutrientes. Ese aguardiente se añeja durante un tiempo, en dependencia del ron que se vaya a fabricar (blanco, oro, añejo o extra seco) y entonces se trae aquí, donde es mezclado con alcohol, agua y otros rones viejos y ya tenemos el ron, que a su vez es añejado suficientemente".

— ¿Y dónde está el misterio de Bacardí? —indagamos, con la posibilidad tangible de develar un prodigioso arcano.

— Desde la creación de la fábrica se empezó a alentar el mito de la fórmula secreta que distinguía al Bacardí de los otros rones. A esa fórmula se le fueron agregando elementos, como el hecho de que Bacardí añejaba en toneles de roble bien curados porque antes añejaron whisky o el hecho de que junto a la nave de añejamiento pasaba el tren y esas vibraciones le hacían reaccionar y mejoraba el sabor y color. Y hay otras dos cosas que no sé cómo explicarán ellos ahora: se decía también que la calidad del Bacardí se debía a las aguas de Santiago de Cuba y a las mieles del ingenio Algodonales, aguas y mieles que ellos ya no tienen.

— Pero, ¿y la fórmula secreta?

El viaje más largo

— Ah, la fórmula secreta. No, después de todo no era tan secreta. ¿Viste los bocoyes de añejamiento?, ¿y a todos esos hombres que están trabajando aquí? Bueno, esos bocoyes y esos hombres son la fórmula secreta. Por eso aquí, en Santiago de Cuba, se sigue fabricando el mejor ron del mundo...

Nace Bacardí y compañía

Ahora Facundo Bacardí y Mazó, convertido en fabricante de rones, invertía doce y hasta quince horas diarias en asegurar el cumplimiento de las normas que le enseñó el vinatero francés y en descubrir, por sí mismo, los nuevos misterios que deparaba la producción de licores. Doce años llevaba en aquella lucha sorda, y, al cumplir los 62 años de edad, sabía que iba a pasar el resto de su vida entre bocoyes, garrafas y alambiques... Porque, al fin, era el dueño principal de Bacardí y Cía.

Apenas extraído de un barril el primer litro del excelente ron Extra Seco, justamente el 10 de noviembre de 1874, su hermano José Bacardí, hasta entonces socio principal de la empresa, había decidido abandonar un negocio que rendía muy escuálidas ganancias y exigía la paciencia de un condenado. Pero, un mes después, el otro socio, el francés José León Boutellier, también abandonaba el juego y dejaba a Facundo como único dueño de la raquítica fábrica que en doce años sólo había dejado pérdidas. Es entonces que el viejo Facundo decide fundar su propio clan. El último día de aquel año de 1874, don Facundo convocó a sus hijos Emilio y Facundito Bacardí Moreau y, con el tono ceremonioso que lo caracterizó, creó el consorcio Bacardí-Moreau: le confió a sus hijos el secreto del vinatero francés y les exigió que aquella fórmula, así como las acciones de la empresa ruinosa que pronto dejaría de serlo, sólo podían pasar de padres a hijos hasta la eternidad...

Pero siguieron transcurriendo los años y la fábrica no salía a flote, porque apenas vendía unos pocos cientos de litros de aquel licor que, sin embargo, iba ganando prestigio y adeptos. Mientras tanto, cada día eran más los barriles fechados y sellados que dormían su añejamiento en la bodega de la industria, con un objetivo secreto. Don Facundo, catalán al fin y al cabo, se revistió de la paciencia más sólida y fue invirtiendo cada centavo que obtenía en la creación de aquellas reservas que un día futuro convertirían sus rones baratos en licores de calidad. Sin saberlo —o quizás presintiéndolo—, aquel hombre emprendedor y tozudo estaba realizando una operación única en la historia del ron, una operación que, además, después resultaría irrepetible: la incosteable creación de bases añejas de cinco, diez, quince años, que tantas pérdidas provocaban a su chinchal, pero que estaban fundiendo las bases de un verdadero imperio.

Don Facundo Bacardí y Mazó, con 74 años de residencia en la tierra y más de 50 en Santiago de Cuba, murió al fin, el 9 de mayo de 1886, dejando como herencia una fábrica de licores artesanal y pequeña, pero muchos, muchos barriles repletos de ron. Y un secreto.

Ese mismo año, Emilio y Facundito Bacardí Moreau, en sociedad con su hermano menor José, se ponen al frente de una compañía cuyo capital ascendía, 24 años después de creada, a sólo 10.500 pesos. Seis años más tarde, y siguiendo las instrucciones del difunto padre, sus hijos debieron hipotecar todas sus otras propiedades para mantener en pie la industria y en 1894, cuando están listos para asaltar el mundo, constituyen una nueva sociedad en la que ya participaba el genio comercial de Enrique Schueg, esposo de la pequeña Amalia Bacardí Moreau. Es entonces que se estima que la fruta tanto tiempo cultivada al fin está madura, se abandona la fabricación de dulces que había ayudado al mantenimiento inicial de la empresa y se decide su transformación en una industria moderna: con las bases añejas tan celosamente creadas por Don Facundo y conservadas por sus hijos, se podía iniciar ya la producción en escala industrial del mejor ron del mundo. El ron Bacardí, que con su producción reducida ya había obtenido premios internacionales de relevancia y se había convertido en la marca proveedora de la Casa Real de España, podía al fin dar el salto definitivo... Y entonces estalló la nueva guerra de independencia y los Bacardí se sumaron a la lucha, donde alcanzaron grados relevantes dentro del Ejército Libertador.

El viaje más largo

La época del maltrato

Cuando Francisco Ayala empezó a trabajar en Ron Bacardí corría el año 1928, él era un jovencito de 16 y de la época romántica de Don Facundo sólo quedaba el secreto y los viejos barriles de roble que, una vez vaciados, regresaban a la nave de añejamiento, para lanzarse a otro sueño de tres, cinco, siete, nueve años... Pero la industria era otra. En el mismo sitio donde se levantó el alambique original, existía ahora una industria cuyo activo, hacia 1920, alcanzó los seis millones de pesos. Porque después de los años duros de la Guerra del 95, los Bacardí se dispusieron a dar la batalla definitiva por el asentamiento de la marca y en un tiempo asombrosamente breve y sin duda por la calidad del producto ofertado, abarrotaron el mercado nacional e, incluso, atravesaron las fronteras hacia Estados Unidos y algunos puntos de Europa.

El aumento de las ventas permitió modernizar y diversificar la producción y mientras la nave de añejamiento crecía para propiciar, años después, el incremento de la producción de rones, el clan de los Bacardí-Moreau, convertido ahora en un verdadero trust, inauguró en 1927 la fábrica de cervezas Hatuey y dos años más tarde abrió en México la primera planta Bacardí en el extranjero. Una inversión traía otra y el crecimiento de la compañía parecía indetenible: en 1936 se montó la fábrica de Puerto Rico, mientras la casa matriz se transformaba paulatinamente hasta poseer una moderna destilería con miles de bocoyes, un depósito para el añejamiento de aguardientes capaz de alojar cinco millones de galones, además de contar con una fábrica de envases, otra de hielo, una planta eléctrica y hasta con la propiedad de varios vagones de ferrocarril para el embarque exclusivo de sus productos. La semilla plantada por Don Facundo en el lejano 1862 era, hacia los años 40, una verdadera selva.

— Pero precisamente en el 1928 las cosas no andaban muy bien —recuerda Francisco Ayala. La Ley Seca de los Estados Unidos le había cerrado el mejor mercado a Bacardí y en la industria se vivía como esperando algo, hasta que al fin llegó la derogación de la Ley Seca y entonces sí que se vendió ron, y ahí empezó "la época del maltrato", como la llamó la gente. El problema es que hasta el año 33 o 34, Bacardí todavía funcionaba internamente como en los viejos tiempos. Primero Don Emilio, el patriota, y luego Facundito, Emilio Schueg y Toten Bacardí, uno de los sobrinos, trataban a los trabajadores como si fueran miembros de la familia. Pero aquellos Bacardí viejos se fueron muriendo, la fábrica necesitaba producir más, ganar más y los nuevos Bacardí se olvidaron del ejemplo de sus mayores. Entonces hubo problemas obreros serios, amenazas de huelgas y de sabotajes, y como a los dueños no les convenía fajarse con nosotros porque iban a perder más, trajeron de la fábrica de Puerto Rico a Pepín Bosch, un hombre refinado, como un artista, diría yo, pero que le sabía un mundo a los negocios. Pepín Bosch, que era yerno de Schueg, fue desde entonces el gerente y las cosas mejoraron un poco para los trabajadores, pero más para la compañía, que creció más que nunca, pues Pepín era un genio comercial que sabía dónde poner cada centavo...

Así, en manos de Pepín Bosch la compañía Ron Bacardí extiende sus tentáculos hasta límites poco antes impensados. Se abren oficinas de distribución en Nueva York, Bélgica, Suiza, Holanda, Noruega, Hawái, Panamá, Venezuela, Guatemala, Finlandia y hasta el Líbano y la distante Corea. En 1950 se monta la fábrica de Cervezas Modelo, en el Cotorro, muy cerca de La Habana, y cinco años después la Manacas, en Las Villas. En 1957 otra destilería es inaugurada en México y en 1958 entra en funcionamiento una nueva planta en San Juan de Puerto Rico, con lo cual se doblaba la producción de la fábrica boricua, que alcanzó entonces las 4.000 cajas diarias... En realidad, el sistema de Bosch era utilizar el prestigio y la calidad del ron santiaguero de Bacardí y Cía. como mascarón de proa para sus nuevas empresas, y los niveles de venta que se alcanzan son tales que se plantean y ejecutan dos nuevas fábricas; una en Filadelfia, Estados Unidos, y otra en Recife, Brasil. Mientras, las ganancias alcanzan cifras millonarias: en 1954, sólo en Santiago, se obtiene más de un millón de pesos por la cervecería, casi 800.000 por la ronera y otros 26.000 por el hielo (en una época en que el peso cubano se cotizaba uno a uno con el dólar). Y el primer secreto de aquella efectividad productiva estaba en manos de unos obreros que se sentían satisfechos: trabajar en Ron Bacardí, en Santiago de Cuba, era todo un privilegio.

— Ayala, ¿y el misterio de Bacardí?

— Desde que yo empecé a trabajar en la fábrica oí hablar de la fórmula secreta y, por supuesto, vi el Cuarto del Secreto, que era un laboratorio pequeñito al que sólo podían entrar los fabricantes y los Bacardí que tenían que ver con la industria. Pero yo, que siempre fui observador, me dije: Voy a investigar, y lo empecé a hacer por mi cuenta. Lo primero que descubrí es que cada ron tiene su mezcla específica de rones y aguardientes añejados y esa mezcla no puede variar. También supe que el origen del buen ron está en el buen aguardiente y que el del buen aguardiente está en las buenas mieles y que las del ingenio Algondonales eran magníficas, pues tenían mucha azúcar. Pero siempre me faltó algo: la esencia, un compuesto que se preparaba en el Cuarto del Secreto. Y aunque hasta logré saber cuáles eran los componentes de esa esencia, nunca conocí las proporciones ni logré descubrir cuál era ese producto que se traía de Francia y que le daba el toque final. Ese fue el secreto que ellos se llevaron cuando intervinieron la fábrica.

— Y entonces, ¿cómo se pudo seguir fabricando un ron de calidad?

— Muy fácil: los Bacardí no lo calcularon todo. Cuando ellos se fueron de Cuba, en la fábrica se quedaron Alfonsito Matamoros y Mariano Lavigne, los fabricantes, y también Humberto Corona, el jefe de producción, y ellos sí conocían el misterio de la esencia.

¿Un simple cambio de nombres?

Si existe un olor embriagante en el mundo, ése es el que flota en una fábrica de ron. El de aquí es dulce y sostenido y, por supuesto, muy agradable. Pero en este mismo lugar, hace 30 años, se desarrolló un dramático acto que decidiría la suerte futura del mejor ron del mundo. Intervenida la industria, sus antiguos dueños se habían marchado con una carta de triunfo: la fórmula secreta. Sin embargo, Alfonsito Matamoros (no tan célebre pero no menos importante que su hermano Miguel, el más grande sonero de Cuba), Mariano Lavigne y Humberto Corona decidieron quedarse en Cuba y, además, fundir sus conocimientos para hacer posible la fabricación de aquel ron.

Fueron días tensos, de angustias y justificado temor, pues por primera vez en cien años se producía sin la presencia de un Bacardí. Pero, cuando los catadores probaron el nuevo licor, lo volvieron a probar y lo paladearon lentamente, todas las cabezas afirmaron: sí, aquel seguía siendo el mejor ron del universo... La fábrica Bacardí, ahora convertida en Ron Caney, sufrió así algo más que un simple cambio de nombres, pues también había cambiado de dueños. No obstante, en aquellos primeros años nada resultó fácil y únicamente el celo infinito de Humberto Corona, el hombre que dirigía la producción, impidió la debacle definitiva de la industria, pues se opuso con toda su firmeza al intento triunfalista de doblar la producción de ron. Aquella idea en apariencia loable significaría el agotamiento prematuro de los rones viejos de la fábrica y Humberto Corona se negó a sacar un litro más de lo previsto y salvó el futuro del ron Caney, la industria santiaguera donde, todavía, se lanza al mundo el mejor ron que labios humanos jamás hayan probado.

Los misterios de Bacardí (II)

¿Los misterios de Bacardí?

El ingeniero José Navarro, jefe del departamento de destilación, tiene una sonrisa burlona que llega a asustar.

— ¿Los misterios? —repite, sin dejar de sonreír. Pues aquí no existe ningún misterio, aunque sí un secreto: el secreto de trabajar bien. Ese fue el gran secreto de Bacardí y lo es también el de Ron Caney: una rigurosa, verdadera disciplina tecnológica para garantizar la calidad del producto. Todo es muy sencillo: si el aguardiente no es elaborado dentro de los parámetros establecidos, no se puede hacer después un buen ron. La tradición cubana es producir aguardientes entre 74 y 76 grados de etanol, y nuestra disciplina exige hacerlo siempre así, y no lograr esos grados por mezclas, digamos, de 85 y 65 grados, porque los compuestos aromáticos ya no serían los mismos. Luego está el alcohol, el cual debe ser neutro y superfino, pues de lo contrario el ron tendrá un golpe alcohólico muy fuerte.

"Entonces viene el añejamiento del aguardiente. Si nosotros fabricamos el mejor ron del mundo es porque trabajamos con aguardiente de 18 meses, obtenido por mezclas de 12 meses y tres años. Y esto no es un simple capricho: un aguardiente de 18 meses no tiene los aromas, los ésteros ni la oxidación que le da el de tres años. Esta es una práctica histórica que impuso Bacardí y que hemos sabido conservar. Después sigue una cuidadosa filtración, lo que llamamos el 'destupe del aguardiente' para que pierda el tufo.

"Y ya se puede fabricar ron. Pero es que el nuestro se produce con alcohol y aguardiente de alta calidad, purificados y filtrados. De su mezcla nace el ron base, que es sometido a un período de añejamiento que va de los seis meses a los nueve años, según para lo que se vaya a utilizar. Si es Carta Blanca no se emplean rones viejos, si es Oro participan rones 'medio viejos' y para el Añejo se usan los 'veteranos'. Y ahí radica el secreto: mantener la disciplina en este ciclo, que puede durar hasta nueve años, trabajar ahora para lo que se hará en un futuro a veces lejano.

"Pero en la industria moderna todo esto depende de los rones viejos almacenados durante años. Ninguna fábrica actual puede empezar a añejar rones para producir comercialmente a los nueve años. Eso es incosteable, sencillamente, y por esa razón ninguna de las plantas que Bacardí montó fuera de Cuba puede producir un ron como el nuestro, pues solo aquí existían esos 50 mil barriles almacenados con sus rones viejos. Como ves, no hay tal misterio, sólo disciplina, tradición, celo profesional y reservas para hacer realidad un buen ron".

— Navarro, ¿y la esencia?

— Mira, todo lo de la fórmula y la esencia misteriosa que le confió el francés a Don Facundo es parte de un mito que tiene su origen en una técnica de fabricación desconocida que se convirtió en un gancho comercial cuando creció la industria, aunque simplemente se trataba de producir el ron según las pautas que expliqué antes. Porque, incluso, tampoco existe tal esencia misteriosa, sino unas gotas insignificantes de extracto de almendras amargas que, según los viejos fabricantes, dan el toque distintivo al Bacardí, aunque en la práctica yo he demostrado que ahí no radica su singularidad, pues hice la prueba en rones sin la esencia y se hizo evidente que ni los mejores catadores podían distinguir ese ron del que sí tenía la esencia.

— Entonces, ¿no hay ni un triste y solitario misterio?

— Ninguno. El mejor ron del mundo, el que se fabrica hoy en Ron Caney, es el mejor porque no emplea ningún recurso artificial, por la calidad de las mieles cubanas, por el riguroso proceso tecnológico en la fabricación del aguardiente y el alcohol, por las proporciones precisas de sus mezclas y por los rones viejos que sólo nosotros poseemos. Olvídense de esencias misteriosas, de fórmulas secretas, de trenes que pasan y de manantiales maravillosos. Y si quiere haga una sola prueba: beba un trago de este ron y pruebe después un Bacardí fabricado en otro sitio: el paladar va a hablar por si solo... Por eso, si en lugar de ron fabricáramos vino, podríamos anunciar: "Denominación de origen: Santiago de Cuba", y todo estaría dicho.

1988

LOS NACIMIENTOS DE EL COBRE

Cada mañana de su vida Hernando Núñez Lobo se despertaba con el presentimiento de que ese día iba a encontrar una mina de oro. Varios años atrás había salido de España, soñando con las riquezas del Inca, pero mientras esperaba un barco hacia tierra firme, se avecinó en la tórrida y pendenciera villa de Santiago de Cuba, donde una noche de copas y en el último resquicio de su lucidez, oyó contar a un indio la existencia de una montaña de metal amarillo y brillante. En silencio, desde el día en que escuchó aquella fabulosa revelación, Hernando montaba su caballo y con el pretexto de estudiar la región, salía a registrar las entrañas de las numerosas lomas que envolvían la raquítica capital de la isla.

Algún tiempo después de su primera incursión, una tarde imposible de agosto de 1544, Hernando Núñez Lobo, ya decidido a regresar a la villa, vio un reflejo que brotaba de la tierra para ir, directamente, a clavarse en su pupila. "Por Dios, al fin", gritó el descubridor y lanzó su caballo hacia la pequeña elevación que le había enviado el rayo más esperado de su vida. Al cabo de tres horas, extenuado y con las manos desgarradas, el infatigable buscador comprendió que aquella montaña, en verdad, era de metal, pero que no había en su seno una onza de oro. Como lo demostraban las piedras extraídas y el río verde que corría muy cerca de allí, estaba sobre una mina de cobre.

Esa misma noche, ante el cabildo de la ciudad, Hernando declaró la existencia del yacimiento al tiempo que se despedía de sus amigos, pues se embarcaría hacia el Perú —donde la existencia de oro parecía más segura—, en el primer barco que entrara en la cercana bahía.

Siendo cobre y no oro, los españoles tuvieron que esperar seis años, hasta la llegada del famoso fundidor alemán Johan Tezel, para comenzar la prospección de las minas. El rubio Tezel, en compañía de varios españoles residentes en Santiago y una partida de indios y negros, comenzó al fin la extracción del mineral en la que sería la primera mina de cobre a cielo abierto del Nuevo Mundo. Sin embargo, el glorioso empeño no pasó de los experimentos iniciales debido a la muerte prematura del alemán, que se derrumbó agotado por el calor, mientras añoraba los fríos otoños de su Renania natal.

Aquel lugar, que pronto se llamaría Minas de Santiago del Prado, y mucho después El Cobre, cayó así en su primer olvido. Había nacido como un pueblo de mineros, perdido en la montaña y dividido por un río de aguas impotables, pero con el extraño designio de convertirse en el asiento de la batalla santoral y la batalla antiesclavista más trascendente de la historia de Cuba.

El nacimiento de una rebelión

En el ocaso de aquel siglo de conquistas, Santiago del Prado comenzó a vivir su primer esplendor. Muchos pobladores de Santiago de Cuba, temerosos de piratas y terremotos, decidieron trasladarse a aquel sitio apartado y todavía mustio. Pero la suerte del pueblo cambió justamente en el año de 1597, cuando hizo su entrada allí el capitán de artillería Francisco Sánchez Moya, portador de las cédulas reales necesarias para la extracción del cobre que precisaba la maestranza de artillería construida en La Habana en 1558 y que entonces dependía del carísimo metal traído de Hungría.

Francisco Sánchez Moya era un hombre decidido a cumplir la encomienda real y ya en el año de 1600 —luego de enviar a La Habana el metal necesario para fundir un culebrina de 100 quintales y un pedrero de 55—, le escribe al monarca informándole que no sólo se ha establecido en Santiago del Prado y revitalizado sus minas, sino que había fundado allí una iglesia, la cual administraba ya el padre Miguel Gerónimo, mientras confirmaba que la parroquia estaba destinada a un santo indiscutible: "El bienaventurado Santiago del Mayor, patrón de las Españas".

Las minas dieron así sus primeros frutos en manos del emprendedor capitán toledano. Y en los primeros siete años del nuevo siglo, se fundieron en la maestranza habanera más de 2.300 quintales de su cobre. Entonces la villa vivió próspera y tranquila hasta aquella mañana de 1608, en que llegó la fabulosa noticia de la aparición de una nueva virgen: los hermanos Juan y Rodrigo de Hoyos y el negrito Juan Moreno, todos naturales de la comarca, habían encontrado en la bahía de Nipe, al norte de la isla, una estatuilla que se hacía llamar Virgen de la Caridad.

Enterado del hallazgo, Sánchez de Moya envió al Hato de Barajagua, donde estaba retenida la pequeña figura, una lámpara de cobre para iluminarla, pues —a pesar de su origen toledano y su cumplida devoción por la Caridad de Illescas— el capitán sabía que en la iglesia recién estrenada en el Prado no había sitio para la aparecida: el altar mayor pertenecía al feroz Apóstol Santiago y los menores estaban ocupados ya por Santa Bárbara y Nuestra Señora del Rosario.

Pero junto con la noticia del hallazgo había volado el rumor de que la nueva virgen quería establecerse en El Cobre. Se supo que durante tres noches seguidas, con la misma persistencia de los cemíes de los indios taínos, la imagen jugó a los escondidos con sus descubridores y desapareció del bohío que le habían levantado en Barajagua, como más tarde lo afirmaron, de rodillas y mirando al cielo, los devotos hermanos Hoyos. Ante tal actitud de la virgen, Sánchez de Moya se vio al fin obligado a permitir su traslado, pero convencido aún de que sus supuestas dotes milagrosas eran imaginaciones de indios y negros fantasiosos, por lo que la relegó a una ermita próxima a la iglesia e informó al rey, escuetamente, que allí se rendía culto a "Nuestra Señora de Guía de Illescas".

En 1620, Santiago del Prado era ya un pueblo animado y sus minas todo un éxito, por lo que Sánchez de Moya decidió confiar la explotación del mineral al capitán Juan de Eguiluz, quien había obtenido la dispensa del gobierno colonial para explotar la extracción del cobre. El 30 de enero Eguiluz recibía las minas, la iglesia, la ermita y los 200 peones —indios, negros libres y esclavos— que laboreaban el mineral.

Eguiluz, que pasaba por ser "hombre activo e inteligente, aunque de muchas ilusiones", cumplió con gran esfuerzo la condición de su contrato y envió los 200 quintales de cobre que exigía La Habana. Aunque en aquella zona se pisaba entonces más metal que tierra, Eguiluz constató rápidamente que recogerlo bajo un sol casi infernal no era tan fácil como lo prometió el sonriente Sánchez de Moya antes de regresar a España. Y en 1630, agotado y vencido, moría Juan de Eguiluz.

Durante siete años las minas estuvieron paradas, hasta que Pedro Lugo Albarracín se lanzó a su reconquista: pero también con celeridad comprendió que era imposible extraer el cobre con los medios rudimentarios que poseía y en 1639 dejó las minas en manos de Francisco Salazar y Acuña, yerno de Eguiluz, que con el nombramiento recibió además los 269 esclavos negros —de uno y otro sexo— que allí existían.

Salazar, sin embargo, no parecía dispuesto a morir con el hígado reventado como su sacrificado suegro. Tomó las cosas con calma y durante los 18 años que dirigió las minas, apenas envió a La Habana el cobre necesario para fundir algunos cañones, mientras se hacía famoso por las interminables fiestas multirraciales que organizaba en su casa. Las autoridades españolas, finalmente, arrestaron a Salazar por no cumplir sus compromisos y las minas fueron llevadas a subasta pública. Pero los fracasos de Eguiluz, Albarracín y Salazar eran un ejemplo demasiado reciente y nadie se interesó en adquirir los derechos de aquel sitio enterrado entre las montañas.

Los esclavos de Eguiluz, mientras tanto, quedaron a cargo de la Real Hacienda, aunque en verdad no pertenecían a nadie y su única obligación era cumplir turnos semanales de trabajo en la fortificación de Santiago de Cuba. Aquellos hombres, desde entonces, vivieron como gente libre y sus hijos nacieron con igual esperanza: nadie podía imaginar entonces que se estaba fomentado allí la mayor rebelión de esclavos de la historia cubana.

Por su parte, aquella virgen de la Caridad hallada en el mar en 1608, empezó a sentirse estrecha en la reducida ermita que le asignó Sánchez de Moya. Hacia finales del siglo XVII su fama de milagrosa ya se extendía por la región y, con ella, los pormenores de su historia fabulosa. Apolonia, una beatísima muchacha del pueblo, insistía en haberla visto recorrer la villa, y tanto dio que hablar con otras aventuras de este tipo que don Roque Castro Machado, juez oficial provisor y vicario de Santiago de Cuba y su distrito, ordenó al párroco de la iglesia del Cobre —dedicada todavía a Santiago el Mayor— que iniciara una investigación sobre el origen y facultades de aquella virgen que estaba en vías de derrotar al guerrero Santiago, a quien nadie veneraba ya en las minas del Prado.

El nacimiento de un mito

Setenta y tres años después de la mayor aventura de su vida, Juan Moreno, sentado frente al señor Bonifacio Juan Ortiz de Montejo de la Cámara, cura rector de la parroquia de las minas de Santiago del Prado y recolector de milagros, sólo podía recordar que aquel amanecer prodigioso lo que más deseaba en el mundo era un buen pedazo de pan para acallar sus tripas de muchacho siempre hambriento. Pero el párroco lo había citado aquel 1 de abril de 1687 para oírle contar un milagro y no sus angustias personales.

La mente del negro Juan Moreno, sin embargo, insistía en recordar pequeños detalles y por eso empezó por lo más fácil: luego de jurar por Dios y una cruz, declaró al escribano llamarse Juan Moreno, que había nacido esclavo, natural de esas minas, que contaba ya 85 años y, por supuesto, era casado.

El cura quería ir al grano y le pidió que declarara de una vez lo que sabía sobre la aparición de la virgen. "Sí, señor", dijo al fin el negro aunque decidió empezar bien por el principio y recordó que en aquel entonces él tendría si acaso 10 años de edad. Una mañana, continuó, fue como ranchero a la bahía de Nipe, que está en la banda norte de la isla. Iba acompañando a los hermanos Juan y Rodrigo de Hoyos, indios naturales también de estas minas. Íbamos a recoger sal y acampamos en el Cayo Francés, que está en esa bahía. Pero el mar estaba tan alterado que estuvimos dos jornadas allí sin emprender viaje, hasta que, al amanecer del tercer día, una mañana calma, salimos a la mar antes que el sol. Nos embarcamos hacia las salinas, cuando vi una cosa blanca sobre la espuma y nos acercamos más y parecía ser un pájaro o ramas secas. Llegamos hasta el objeto y descubrimos entonces, flotando sobre una tabla, a la mismísima imagen de madera de la virgen santísima con el niño Jesús en un brazo y la cruz de oro en el otro. Y sobre la tabla en que navegaba, en letras grandes, había una inscripción y le pedí, Rodrigo, lee, y el indio leyó: "Yo soy la Virgen de la Caridad".

Lo que no es cierto, aclaró Juan Moreno, antes de entrar en detalles menores, es que la virgen bajara del cielo ni nos salvara de la tormenta, como es común oír ahora, y mucho menos que los tres fuéramos Juanes, pues había un Rodrigo. Lo que sí es obra de milagros es que la vestidura, a pesar de las olas, se mantuviera seca sobre aquel pedacito de madera.

Juro por Dios que así apareció nuestra señora la virgen —dijo el esclavo y sonrió complacido.

El señor Bonifacio Juan Ortiz de Montejo de la Cámara, devoto de Santiago, debió admitir que en la aparición de aquella imagen había trazas de milagros y así lo resaltó en el informe en que Juan Moreno aparecía como principal testigo.

Y apenas 20 años después, siendo párroco del lugar el padre Onofre de Fonseca, se inauguraba la segunda iglesia de Santiago del Prado, justamente sobre la colina donde Apolonia vio flotar a la virgen cierta noche de insomnio. Era de un cuerpo de mampostería y tejas, con tres altares, púlpito, reloj y tres campanas. Y en el altar mayor brillaba aquella imagen diminuta, de rostro moreno, que seguiría escribiendo su historia con la historia de Cuba.

El nacimiento de una victoria

Santiago del Prado ya era sólo conocido como El Cobre y tenía iglesia y virgen propia, pero las minas seguían abandonadas. Sebastián de Arencibia y Francisco Delgado intentaron reactivarlas a principios del siglo XVIII, pero sus nombres también se sumaron a la lista de fracasados que inició Tezel.

Los esclavos de El Cobre, por su parte, continuaban su vida tranquila de hombres libres, hasta que en 1731 el gobernador de Santiago de Cuba, coronel Don Pedro Giménez, en medio de uno de sus frecuentes dolores de muela, decidió meter en cintura a los obreros y los quiso sujetar a trabajo obligatorio. Para ello aducía que aquellos hombres pertenecían a la corona por ser descendientes de los esclavos de Eguiluz que en 1657 le fueron confiscados a su yerno.

La respuesta de todos los cobreros, habituados ya a su libertad, fue la más previsible: el 24 de julio, con sus machetes y algunas escopetas viejas, se internaron en las montañas de la zona, levantando como estandarte su condición de hombres libres.

El coronel Giménez decidió de inmediato sofocar la sublevación por la fuerza, pero la oligarquía santiaguera, temerosa de que la rebelión se extendiera a sus dotaciones de esclavos, designó al entonces obispo de la catedral de Santiago, Pedro Agustín Morell de Santa Cruz, para que mediara en el asunto. El joven obispo —que escribiría después uno de los libros más exhaustivos de la breve historia de Cuba— se entrevistó con las dos partes y logró una tregua al convencer al gobernador y a los rebeldes de que no era necesario un enfrentamiento armado. Y Morell se dirigió entonces al rey, en una carta célebre por su toma de posición a favor de los presuntos esclavos y por su acidez contra el gobernador santiaguero.

A pesar de la promesa de una solución satisfactoria, los esclavos se mantuvieron en pie de guerra y así debieron permanecer muchos años, justamente 48, hasta el 31 de octubre de 1779, cuando el Consejo de Indias decidió al fin tramitar el expediente de los insistentes cobreros, que habían llegado al inusitado extremo de enviar un representante a la corte. Tres años más tarde, el 7 de abril de 1782, el monarca aprobaba la real cédula mediante la cual los 1065 descendientes de los esclavos de Eguiluz se convertían oficialmente en hombres libres. Sin embargo, hubo que aguardar todavía hasta el 1800 para que la disposición se hiciera efectiva en la lejana y siempre fiel isla de Cuba. Los esclavos habían vencido.

Pero las minas, durante todos estos años, continuaron abandonadas. Ya entrado el siglo XIX, en 1827, aquella villa se componía sólo de 194 casas y en ella vivían apenas 650 personas, tal vez menos que en los días de su remota fundación... No obstante la prosperidad tantas veces espantada estaba a punto de tocar otra vez las puertas de El Cobre: en 1830 una compañía inglesa compró a España la demarcación territorial y emprendió con un éxito jamás imaginado la explotación de las minas. Y el pueblo creció al conjuro de la bonanza económica. Entonces El Cobre vio llegar, tras los ingleses, a las más de dos mil acémilas de todas clases —incluidos camellos— destinadas a transportar el mineral a Santiago. Y en 1845, justamente en el año en que el gobierno colonial le retiraba la condición de villa, El Cobre vio nacer su ferrocarril, construido por el comerciante habanero Joaquín de Arrieta, según los planos del ingeniero francés Julio Sagebien. Y así, al mediar el siglo, vivían en el pueblo más de dos mil personas —entre ellos numerosos emigrantes franceses venidos desde Saint Domingue— y nacieron nuevos mitos para acompañar a la virgen.

El más perseguido de todos esos sueños fue el de la mina de oro El Tablón, tal vez la misma que buscó sin éxito Hernando Núñez Lobo en el siglo XVI. Según las historias que corrieron por el pueblo, aquella veta, de la que hubo numerosas noticias, desapareció tragada por la tierra...

Pocos años después, con el inicio de la Guerra de Independencia, El Cobre se convirtió en el escenario de nuevas batallas y, por supuesto, aquel pequeño pueblo de los esclavos rebeldes aportó 18 generales a las gestas libertarias. El Cobre seguía en la historia.

El nacimiento de un país

Con el siglo XX y el auge de las minas sudamericanas, aquel pueblo insólito cayó en otro de sus períodos de olvido. Aunque compañías norteamericanas y contratistas cubanos trataron de revitalizar las minas, el mejor cobre ya había sido extraído y como terrible testimonio del saqueo queda ahora un cráter de aguas verdes donde se levantó la montaña de mineral hallada por Hernando Núñez Lobo.

Pero hoy, el Cobre vive la más apacible de sus existencias. Escondido entre sus montañas, el pueblo conserva, tal vez por ello, una fisonomía peculiar y única: el Cobre es, sin duda, el crisol más significativo de la nacionalidad cubana. Sede de la primera mina a cielo abierto de las Américas, dueño de la única virgen cubana, escenario de la más grande sublevación de esclavos de la isla, y tierra abonada con sangre aborigen, negra, española, alemana, inglesa, francesa, china y norteamericana, este pueblo remoto es como un filtro donde han pasado, para fundirse y fructificar, todas las sangres posibles que conforman ese cuerpo nuevo y distinto que es el cubano, forjado bajo la mirada aprobadora de la virgen morena, milagrera y andariega, hallada un día en el mar, convertida en 1927 en la Patrona de Cuba, y ratificada como tal con la coronación personal de Juan Pablo II, que puso lágrimas en los ojos incluso de los más ateos, pero que nacieron y crecieron viendo la imagen de la que es considerada la madre de todos los cubanos.

1987

El Bagá: Cenizas y silencio

Al fondo de la bahía de Nuevitas, durante 150 años existió un pueblo conocido como El Bagá. Fundado antes que la propia Nuevitas, El Bagá no tuvo la suerte de ésta, y la vida se extinguió allí hacia el año 1920. Unos pocos restos materiales y fragmentos de historia es lo único que sobrevive de este pueblo que, en un siglo y medio de existencia, fue quemado seis veces...

Miro ahora con los ojos del difunto Cándido Lutero y por eso no veo el playazo árido, el mar silencioso ni el agresivo bosque de marabú. Mis ojos son los de un hombre que agonizó hace 70 años en una choza comida por el salitre, la plaga y el tiempo. Pero son los ojos, también, de ese mismo hombre nacido hace 160 años en este pueblo maldito, en esta misma cabaña que entonces no era choza y se alzaba frente a un mar vivo, preñado de barcazas dispuestas a cargar mieles y azúcar. Los ojos que ahora me sirven para mirar el pasado vieron la luz por primera vez en El Bagá, el 12 de septiembre de 1825.

— Con estos ojos que han visto tanto, lo primero que observo es el espigón, donde un grupo de negros están descargando vino y embarcando azúcar, como sucede casi todas las mañanas desde el año 1780 y hay gentes por dondequiera: en los almacenes, en las fondas, en los alrededores de la iglesia y en las treinta y seis casas del pueblo. Aunque antes hubo más gente.

"Muchos se fueron de este pueblo en 1801 —me dice ahora la voz tenue de Cándido Lutero, una voz que habla por sus propios ojos. En aquel año la suerte de El Bagá quedó firmada con fuego, cuando un corsario piromaniático le prendió candela al caserío, después de haberse llevado hasta las aldabas de las puertas. Pero, bueno, algunos volvieron, reconstruyeron y el embarcadero siguió funcionando, pues había que sacar el azúcar por alguna parte. Y en 1818 parecía que las cosas iban a mejorar, cuando un tal Bernardo Campuzano, que era regente de la Real Audiencia, hizo un buen negocio y trajo para acá a varias familias de franceses procedentes de Nueva Orleans. Los ojos de mi padre sí vieron la algarabía que se formó en el muelle al llegar aquellas gentes desesperadas, que antes habían estado en Haití y venían dispuestos a trabajar de sol a sol.

"Pero sucede que ese mismo año de 1818 nació el peor cáncer que sufriría este pueblo fatal: aquel año el Rey de España concedió al fin la fundación de San Fernando de Nuevitas, un pueblo que se levantaría en la mejor zona de esta bahía —y por eso a la bahía ya nadie la conoce como la bahía de El Bagá, sino como de Nuevitas—, y todo porque Agustín Cisneros Hidalgo, con su manía de grandeza, entregó parte de sus tierras para la creación de una nueva villa, a cambio del título de marqués de Santa Lucía y vizconde de Casa Cisneros. Y aunque Dios le castigó su ambición haciéndolo morir sin disfrutar el título, que vino a caer en manos de su sobrino Agustín Cisneros y Quesada, lo cierto es que San Fernando de Nuevitas iba a nacer de todas maneras, iba a crecer como una plaga de langostas, y mucha gente de El Bagá, incluidos los que llegaron de Nueva Orleans, comenzaron a emigrar, diciendo que allá la vida era más fácil y el agua menos amarga.

"Cuatro años antes de que yo naciera, en 1821, por poco no queda nada de El Bagá: una marejada entró por el embarcadero y llegó hasta el mismo cementerio y acabó hasta con la paz de los sepulcros.

"Después de aquella desgracia fue que los funcionarios de la nueva corona y hasta el cura se trasladaron a San Fernando de Nuevitas, y por eso yo nací en el único pueblo de Cuba cuya iglesia no tenía santos y siempre estaba cerrada, un pueblo donde no había guardias ni alguaciles".

Ahora, sin los ojos de Cándido Lutero, lo que veo a mi alrededor no me puede decir que alguna vez aquí existió una villa si no próspera, al menos bulliciosa y bien poblada. Estoy en la zona más baja de la bahía de Nuevitas, frente a una playa arisca y pedregosa que hace imposible la navegación de embarcaciones mayores y menores. A mis espaldas, un bosque tupido, sin aliento humano.

Sin embargo, cuando vuelvo a mirar con los ojos del finado es como si empezara a recordar, y descubro entonces en el mar los restos de un embarcadero. En un playazo cercano, encuentro los cimientos todavía firmes donde se levantó el almacén de su padre —que luego pertenecería al propio Cándido Lutero—, veo los restos de una locomotora solitaria y también me enfrento a una tumba vacía, allá en el fondo del terreno donde se levantó el pueblo olvidado que alguna vez la gente conoció como El Bagá.

— Me acuerdo perfectamente del día que se inauguró el ferrocarril —me dice Cándido Lutero cuando me ajusto bien sus ojos y veo el gentío que rodea a esa extraña máquina, más fuerte que diez yuntas de bueyes, llamado ferrocarril. Fue por el año 1858 y era de los primeros que se construían en la Isla. Salía de aquí, de El Bagá, y llegaba hasta San Miguel, unos pocos kilómetros, y siempre lo usaban para traer mercancías, sobre todo azúcar y mieles, pues en esta zona había muchos ingenios. Esa es la causa de que El Bagá no fuera abandonado desde mucho antes: había que sacar el azúcar y por aquí era más cerca, aunque para llevarla hasta los barcos tenían que cargarla en pequeñas lanchas. La otra causa de que esto no se acabara antes fue el contrabando y el negocio de los negreros...

"Pero, bueno, el día que arrancó el ferrocarril hubo una fiesta tremenda, la gente tomando y bailando en la calle, pues todos pensaron, hasta yo, que El Bagá se había salvado. Cuando aquello el pueblo tenía más de 200 casas y existían dos almacenes grandes de mampostería, el de mi padre y el de Matías Espino, donde se guardaba o se vendía la mercancía que entraba y salía por el embarcadero. Por aquellos años las exportaciones, según me dijo mi padre, andaban por los 150 mil pesos anuales. Esto era la vida.

"Y las cosas fueron bien durante 10 años, hasta que empezó la guerra grande. Cuando los camagüeyanos se alzaron, una de las primeras cosas que hicieron fue quemar El Bagá. Al principio de la guerra el mayor Ángel Castillo Agramonte le prendió candela dos veces, porque esto era un punto de valor económico para los españoles, pues por aquí salía casi todo lo que se producía en Camagüey.

"Pero la gente insistió y regresaron para levantar el pueblo, hasta que el 13 de marzo de 1876, el general Goyo Benítez atacó El Bagá y volvió a incendiarlo. Esa fue la cuarta vez que el pueblo se destruía por el fuego...

"Cuando terminó la Guerra los vecinos volvieron a levantar sus casas, a pesar de que Nuevitas era ya una villa grande. Pero se seguía exportando azúcar por aquí y se contrabandeaba con todo lo que aparecía, y cuando empezó la guerra del 95, en el pueblo vivían más de mil personas y había varios almacenes. Entonces, en ese mismo año 95, los mambises le dieron candela a El Bagá, por quinta vez en su historia."

En 1915 los ojos de Cándido Lutero habían visto 89 veranos, pero ninguno como este. El calor salía de la tierra tantas veces calcinada y la plaga de mosquitos era más violenta que nunca. La única res que tenía el viejo había muerto por las picadas de los insectos. Esa tarde, sin embargo, corría una brisa suave y la plaga se había refugiado en el monte.

Cándido fumaba con su taburete recostado contra la pared de su choza medio derruida. El Bagá que veían sus ojos era, en aquel momento, una ruina carbonizada y mustia, devastada por el último incendio que arrasara el pueblo, durante los días de la llamada Guerra de la Chambelona.

Después del sexto incendio los habitantes de El Bagá comprendieron que no tenía sentido luchar contra su flameante destino y decidieron trasladarse a la cercana y próspera Nuevitas, pues además ya se hablaba de construir los puertos de Tarafa y Pastelito. Sólo unas 20 personas habían permanecido en El Bagá, y entre ellas Cándido Lutero, que se había sentado en su taburete aquella tarde de agosto a esperar la muerte. Sus ojos querían mirarlo todo antes de partir, pues el anciano sabía que no iba a cumplir los 90 años.

Los ojos de Cándido Lutero observaron que por aquellas calles polvorientas del pueblo arruinado ni siquiera transitaban los perros, que también se habían ido para Nuevitas. Vieron que ya no existía la iglesia abandonada en 1821, que la administración de correos fue tragada por las llamas en 1895 y que su propio almacén era un recuerdo del pasado. El Bagá estaba muerto, ahora para siempre, y sólo quedaban algunos huesos de su persistente esqueleto. Su añejo y triste ferrocarril, todavía en funciones, era la única traza de vida.

A las ocho de la noche el viejo abandonó el taburete y entró en la choza. Encendió la lámpara de queroseno y se tiró en el camastro. Con los ojos bien abiertos, por si alguien los necesitaba después, se dispuso a ver cómo llegaba la muerte, que todavía tardó dos horas, diez minutos y veinticinco segundos en aparecer: justo el tiempo en que una insólita ráfaga de viento entró por la ventana, derribó la lámpara y se derramó por el suelo de madera el líquido combustible, para que todo acabara como debía acabar: por obra del fuego.

Los ojos cansados pero inmortales de Cándido Lutero me han servido ahora para descubrir la ciudad perdida entre la playa baja y el monte de marabú, por donde, alguna vez, la vida caminó, apresuradamente, huyendo del fuego.

1985

TIPOS Y COSTUMBRES DE LA ISLA DE CUBA

Don Juan, el hombre

Detrás de todo personaje, siempre se esconde un hombre. Un hombre que, como los demás, siente el paso lento de las jornadas sin esperanza o el ritmo arrollador de los días felices; un ser que ama y sufre, duda y se recupera. Un gran personaje es él y el hombre que lo sustenta, unidos indefectiblemente.

En ocasiones, los hechos clavados en la historia, las decisiones políticas y las actuaciones revolucionarias, tienden a borrar con su magnífico peso la imagen del hombre que va detrás del personaje que protagoniza una época, un momento crucial. Por eso quiero preguntarme quién fue Juan Gualberto Gómez, hombre y personaje nacido hace ahora 130 años.

I

En el número 65 de la Calzada de Managua está Villa Manuelita. Ahora es una casa de mampostería que apenas recuerda la antigua construcción de madera que el terrible ciclón de 1944 dejó en condiciones de demolición.

La carretera que pasa frente a la casa también ha cambiado. A principios de siglo era un camino polvoriento, transitado únicamente por caballos y los carretones de mulas que, guiados por mi tío Tomás, iban lentamente hacia el Mercado Único, cargados con las mejores frutas recogidas en las mejores arboledas de Mantilla, El Calvario, Las Guásimas y Managua.

Después el camino se convirtió en una estrecha carretera, suficiente para los ruidosos Fords en que Octavio Averhoff y sus compañeros de juerga iban hacia el castillo inglés que el político construyó en una colina de Mantilla. Y así fue hasta que en los años 50 la carretera se amplió y se transformó en la actual Calzada de Managua, que arrasó con los centenarios algarrobos y laureles donde mi padre y sus amigos se dedicaban a cazar gorriones.

Todo eso lo ha visto Villa Manuelita, y aunque ella misma ha cambiado tanto, los árboles que la rodean son los mismos que, a partir de 1916, sembraron sus nuevos propietarios: el patriota Juan Gualberto Gómez y su esposa, Manuela Benítez Mariscal, la andaluza que en las épocas buenas y en las muchas malas, siempre acompañó al viejo luchador.

Porque en 1916, cuando el matrimonio decidió comprar a plazos aquella pequeña quinta en las afueras de la ciudad, Villa Manuelita —rebautizada así, en honor a su nueva dueña— era la casa de madera, la cerca de mampostería y hierro y el jardín amplio, lleno de flores, pero sin un solo árbol.

Al principio la pareja y el resto de la familia no iban con mucha frecuencia a la casa de Mantilla. Las obligaciones políticas —y la carencia de un automóvil propio, que nunca tuvo— hacían que Juan Gualberto Gómez permaneciera la mayor parte del tiempo en la casona de Lealtad 106.

Sin embargo, paulatinamente Don Juan fue trasladando algunas de sus pertenencias hacia la nueva morada. Así, la primera habitación se convierte en un despacho forrado de libros, mientras el cuarto contiguo al garaje, en el fondo del patio, se transforma en la biblioteca donde permaneció la mayor parte de sus libros hasta 1944. Y, tras los libros, el hombre empieza a visitar sistemáticamente Villa Manuelita y algunos años después ya va todos los días, hasta que, en 1932, se traslada definitivamente allí, para pasar el último año de su vida.

Pero en los primeros tiempos de Villa Manuelita la preocupación de los esposos fue convertir en bosque el despoblado jardín de la quintica. Por eso, en cada expedición, Doña Manuela aprovechaba para llevar los árboles que en latas y macetas acumulaba en la casa de Lealtad.

Una de las mayores felicidades del matrimonio —y de la familia toda— era ver que alguno de aquellos arbolitos antes endebles, comenzara a dar frutos. El primer mango, el primer mamey, la primera guanábana de cada árbol provocaban una festiva conmoción en la casa y los visitantes ocasionales estaban en la obligación de pasar al patio y observar el prodigio.

Pero, de todos los árboles de allí, tal vez el más insólito sea la ceiba, una ceiba al parecer muy común, pero que debió haber sido, precisamente ella, la que creciera en el Parque de la Fraternidad, abonada con la tierra de todas las repúblicas americanas.

El presidente Gerardo Machado, entre las diversas tretas que empleó tratando de ganarse al incorruptible e incansable Juan Gualberto Gómez

—como la imposición de la Gran Orden Carlos Manuel de Céspedes o el diálogo público con Orestes Ferrara para la solución del conflicto nacional, el cual terminó con la primera carta de Don Juan, donde advertía que la solución única era la renuncia del dictador Machado—, decidió que fueran él y Doña Manuelita quienes plantaran la ceiba en el Parque de la Fraternidad, en honor a la trayectoria patriótica de Gómez, el hombre de confianza de Martí en los años difíciles de la creación y el fortalecimiento del Partido Revolucionario Cubano. Por eso un día llegó a la casa de Lealtad 106 una ceiba raquítica, sembrada en una lata de manteca.

Comoquiera que la terminación del parque y el Capitolio se demoraban infinitamente, Doña Manuelita, temiendo por la vida de la ceiba, decidió llevarla a Mantilla y trasplantarla en el patio de la casa.

Tiempo después, cuando por fin estuvo terminado el Parque de la Fraternidad, listo para la plantación de la simbólica ceiba, los emisarios del gobierno fueron a visitar a Juan Gualberto y a su esposa. Pero la andaluza —como buena andaluza— recordó con satisfacción los dos metros de altura que ya había alcanzado su ceiba, y mandó a decirle al presidente que se buscara otra, pues esa ceiba ya no salía de su casa. Ella se había encariñado con el árbol y no se lo daba a nadie, ¿verdad, mi Juan?, dijo.

Y la ceiba que debió haber sido sembrada en el Parque de la Fraternidad, sigue en pie, en el patio de Villa Manuelita.

II

— Mi abuelo era un hombre que hipnotizaba —asegura Serafina Ibáñez, nieta de Juan Gualberto Gómez. Es una mujer delgada y de palabras precisas, la única de los actuales moradores de Villa Manuelita que conoció al patriota. Hay una imagen suya que nunca podré olvidar. Era un día de invierno y él estaba vestido como siempre, con saco y corbata, pero además llevaba una bufanda. Yo lo vi salir al patio, como todos los días, y fui tras él. Allí, por el lado de la ceiba, se detuvo y empezó a tirar unos granos de arroz que llevaba en la mano. Y los gorriones, que ya lo conocían, bajaron a comer y algunos se le posaron en los hombros.

Era sencillamente increíble... Imagínate que eso sucedía por la época en que se fundó la Unión Nacionalista para luchar contra Machado.

"Pero él siempre fue así. Aun en los tiempos más difíciles, cuando el combate político le exigía su presencia y dedicación diaria, siempre tuvo tiempo para desempeñar sus funciones de abuelo, padre y esposo, de preocuparse por la disciplina y las notas de cada nieto, de orientar las lecturas de los hijos, de sentarse frente a esa carretera de Managua, con algunos familiares y amigos, y saludar muy cortésmente a cada uno de los transeúntes.

"Porque él era un fanático de las costumbres y las tradiciones. Por ejemplo, a la hora de las comidas él era siempre el último en sentarse a la mesa. Cuando lo hacía, ya todos los demás teníamos que estar en nuestros puestos. Entonces empezaba a comer sin prisa, y al terminar iniciaba una larga y reglamentaria sobremesa que jamás se podía violar. Allí se comentaban los problemas de la casa, de las amistades de la casa, de las amistades de las amistades de la casa. Pero, además, la sobremesa servía para discutir de política nacional e internacional, y de arte, literatura, economía, cualquier cosa".

Y cuenta Serafina que, como la sobremesa, todas las fechas señaladas eran importantes para Juan Gualberto Gómez. Las efemérides patrióticas, los cumpleaños, las fiestas pascuales, los santos y aniversarios de boda o compromiso, tenían su resonancia en Villa Manuelita o en la casa de Lealtad.

Sin embargo, de todas las fechas posibles, una en especial deleitaba al viejo luchador: el seis de enero, Día de los Reyes, ocasión en que todos sus nietos debían trasladarse, bien temprano en la mañana, a la casa del abuelo, que era el lugar donde los Reyes Magos, previa correspondencia redactada con la ayuda de Juan Gualberto, dejaban los regalos pedidos.

Los reyes de Don Juan eran especialmente desordenados. Distribuían los juguetes por toda la casa, en los más inesperados rincones y, sobre todo, entre los libros de la biblioteca, pues Juan Gualberto Gómez, que era un verdadero bibliófilo, amante de los libros como obras y como objetos, practicaba la tesis de que los niños debían entrar frecuentemente en la biblioteca y no verla como un lugar vedado para ellos.

Su nieta Serafina todavía se emociona al evocar a aquel hombre de 70 años, figura breve y sólida, los rizos totalmente encanecidos, guiando a la turba de muchachos en la búsqueda de los juguetes escondidos. Don

Juan disfrutaba que sus nietos lo rodearan y le preguntaran dónde los Reyes podían haber colocado la muñeca, el juego de tazas o el guante de pelotero. La incesante búsqueda duraba horas, cargadas de misterio y expectación, porque tal vez los Reyes se habían olvidado de alguien.

— Pero nunca se olvidaron de nadie —afirma Serafina. "Y me acuerdo de mi abuela, que se reía mucho y decía que mi Juan era más niño que nosotros. Y eso es verdad".

III

Juan Gualberto Gómez fue el político más prestigioso de los 30 primeros años de la República. La bien ganada fama de hombre sin manchas que le valiera la condición de delegado personal de Martí en el occidente de la isla, su participación y actitud en el levantamiento de 24 de febrero de 1895 y su posición intransigente en la Asamblea constituyente que, a su pesar, aprobó la Enmienda Platt, hicieron de él el único político capaz de abrir puertas y mamparas, como se decía entonces.

Y su prestigio se vio acrecentado por su vertical posición como senador y representante, cargos desde los que se opuso a cuanto negocio maloliente se debatiera en estos cónclaves. Su postura llegó a ser tan radical que Machado intentó liquidarlo físicamente y, después de comprender que "muerto era más peligroso que vivo", trató de ganárselo primero y de asfixiarlo después, cuando le redujo la pensión de 500 pesos a sólo 162, que muchas veces no se podían cobrar, pues, según el dictador, no había dinero. Pero nada de esto pudo contra la voluntad de Don Juan, quien jamás traicionó ninguno de sus ideales.

La rectitud de Juan Gualberto Gómez alcanzó todos los planos de su vida. La proyección política de una existencia sin sombras, empezaba en los mínimos detalles cotidianos.

Así, en la década del 20, Mantilla se unía con el centro de la ciudad por un transporte, el embrión de la ruta cuatro, que desde el nacimiento del barrio había servido muy satisfactoriamente a los vecinos de la zona. El Mantilla-Habana, como se le decía, era uno de los orgullos de la localidad y uno de sus más remotos servicios públicos.

Pero un buen día, hacia el año 30, un magnate de los ómnibus obtuvo la concesión de la vía Mantilla-Habana y la nueva ruta Modelo empezó a recorrer los caminos abiertos por el viejo transporte del barrio. Los vecinos de la zona, descontentos con el intruso que pronto arruinaría el familiar transporte que les había servido durante tantos años, elevaron numerosas protestas, sugiriendo que la Modelo buscara otra ruta y no fuera contra los intereses de su transporte.

En esta época Juan Gualberto Gómez estaba totalmente imbuido en la lucha antimachadista y en Villa Manuelita se reunían con frecuencia los directivos de la Unión Nacionalista y otros opositores del tirano. Pero, puesto al corriente de los problemas que estaba creando la ruta Modelo, Don Juan, recto, justiciero, decidió que él también debía luchar contra aquella arbitrariedad, capaz de mancillar el modesto transporte del cual él mismo se había servido desde 1916.

Así, su única e irrevocable decisión fue que ningún miembro de la familia se montara jamás en una ruta Modelo, decisión en la que trató de incluir a varios amigos y correligionarios políticos. Desde aquel momento, todos los días, Don Juan salía de Villa Manuelita algún tiempo antes del acostumbrado y, con su paso breve de septuagenario, caminaba hasta el entronque de San Agustín, a varias cuadras de la casa, para tomar allí la ruta dos.

Poco tiempo después la Modelo tuvo que dejar el terreno a la vieja Mantilla-Habana y Don Juan volvió a tomar el ómnibus frente a su quintica. Y aunque todo ha cambiado tanto, y han pasado ciclones, y el transporte Mantilla-Habana es sólo un recuerdo maltratado, frente al número 65 de la Calzada de Managua, en la histórica Villa Manuelita, sigue existiendo una parada de la ruta cuatro, tal vez la única parada de ómnibus que pueda considerarse un monumento nacional a la dignidad.*

1984

---

* En 1992 desapareció la ruta cuatro y por tanto dejó de existir la parada de ómnibus que podía "considerarse un monumento nacional a la dignidad". [N. del A.]

Crónica de un mundo que se acaba

Era un cayo maravilloso cuando el viento del este soplaba de noche y de día, y se podía caminar dos días seguidos con un fusil y se estaba en buena tierra. Era un territorio tan virgen como cuando Colón llegó a estas costas. Pero cuando el viento amainaba, los mosquitos avanzaban en nube desde los pantanos. Decir que venían en nubes, pensó, no era una metáfora.
Ernest Hemingway, *Islas en el Golfo*

Cuando Alcides Fals Roque llegó por primera vez a Cayo Romano, la piel de sus pies era tan fina que el solo contacto con la arena caliente le producía violentos escalofríos. Entonces tenía apenas seis años, pero en el estómago llevaba un hambre de adulto y en la mente la más remota decisión de su vida: hacerse pescador y poder ganarse así unos reales para tranquilizar sus ruidosos jugos gástricos.

Alcides Fals Roque nunca pensó, recién llegado a aquel islote paradisíaco y de largas playas, prácticamente deshabitado por el hombre, que pasaría allí el resto de su vida o, cuando menos, los próximos 62 veranos de su agitada existencia. Tampoco pudo imaginar que 59 años después de su establecimiento en Cayo Romano — "la isla de mi corazón", como él solía llamarla—, unos señores muy formales le entregarían un radio portátil, un diploma y unas medallas que lo acreditaban como el mejor pescador de quelonios de la isla de Cuba y todos sus cayos adyacentes... Pero lo que Alcides Fals Roque jamás hubiera podido imaginar es que precisamente él sería el último ejemplar cubano de la vieja especie de los pescadores solitarios: el destino, el desarrollo y el dinero pondrían punto final al idilio de este hombre con la naturaleza más virginal de Cuba, porque los cayos entre los que había hecho toda su vida, acompañado por el silencio y las artes de pesca, pronto se llenarían de hoteles, carreteras y personas que convertirían a esta cayería en un paraíso turístico que apenas dejaría sitio para algún recuerdo de su pasado salvaje...

El paraíso perdido

Cayo Romano es el mayor de los islotes que cubren la costa norte de las provincias de Camagüey y Ciego de Ávila, en el centro de la isla grande de Cuba. Es una lengua de tierra larga, sin rocas, a la que hace unos diez años sólo era posible llegar por mar, preferiblemente desde la bahía de Nuevitas: ésa fue la ruta seguida por nuestra expedición periodística, guiada por el escritor camagüeyano Miguel Mejides, conocedor de estos parajes desolados, sobre los que ha escrito algunas de sus mejores historias... Y, al llegar a Romano, cualquiera podía pensar que Cristóbal Colón anduvo demasiado lento en eso de ubicar, en este mundo, el Paraíso Terrenal. Porque aquí mismo pudo haber imaginado a Adán y Eva, corriendo desnudos y lujuriosos, después de probar la fruta del árbol prohibido, y de esta pequeña isla también pudo haber dicho, sin desmentir por ello afirmaciones anteriores, que es la más hermosa que ojos humanos vieron.

Porque Cayo Romano puede ser, todavía hoy, la isla más hermosa que cualquier humano aspire a ver en su vida: un mar diáfanamente claro y azul, que desconoce de la furia del oleaje por la protección que brinda a la costa la barrera coralina que, a trescientos metros de playa, forma una gigantesca y plácida piscina natural donde miles de peces pequeños encuentran protección de los gigantes que prefieren no atravesar la muralla de rocas; cocoteros de pencas cansadas, con sus frutos amarillos y multiplicados, que ponen un sello de postal tropical al perfil de la costa; una interminable franja de arena plateada y reverberante, que hiere la pupila con su destello cristalino. Y como única obra humana, por aquellos días en que lo visitamos, un breve espigón con una caseta y, ya en tierra, tres casas asediadas por el monte firme que se elevaba hacia el interior del cayo. Un paisaje tan idílico y hermoso que parecía salido de otro tiempo, de otro mundo, o sólo de la imaginación de un novelista creador de historias de náufragos.

La "enviada" del capitán Monguito —una nave de ferrocemento, encargada de llevar provisiones a los pescadores y de recoger las capturas— que nos había traído desde Nuevitas, debió anclar a unos 200 metros de la costa, junto a la embarcación de los Fals. Aun para esta lancha, el poco calado de la playa de Cayo Romano resulta demasiado bajo y sólo en bote se puede llegar a la costa. Mientras esperamos la llegada de Alcides, abordamos su lancha y allí tuvimos la ocasión de ver algo inusual: bocarriba, sobre la cubierta de la embarcación, yacía un tinglado, la gigantesca tortuga negra, un animal en vías de extinción y cuya captura aún se permitía. Según los pescadores, este animal sobrepasaba los 200 kilos...

De la costa nos llegó al fin el ruido de un motor. Sobre un pequeño bote navegaban hacia las lanchas dos hombres: uno muy joven, otro muy viejo. El joven, cubierto con una gorra militar, tenía la barba negra y bien arreglada, los ojos claros y la piel cobriza de los que viven en el mar: era Robertico Fals, el heredero de Alcides. El viejo, por supuesto, era el renombrado Alcides Fals, el último rey de la cayería: un metro setenta de estatura, muy delgado, casi escuálido, el cabello y la barba blancos, el rostro cuarteado por el salitre y los años, y unos pies acerados y grandes, impropios de la breve estatura de su dueño.

Ya en la costa, Alcides Fals dio la primera prueba de su habilidad de pescador y montero: sin más ayudas que la de sus brazos y sus pies, subió a la cresta de un cocotero y desgajó varios cocos. Con el ron que le habíamos brindado, el viejo deseaba preparar el sahoco, su bebida preferida: agua de coco y alcohol, en proporciones variables según los gustos. Alcides lo prefería muy suave, pero el trago lo excitó al diálogo.

— Yo nací en Nuevitas y vine para acá con un tío mío, dispuesto a ser pescador. Cuando aquello en el cayo había un caserío que se llamaba Versalles, porque lo habían fundado unos franceses. Y aunque esto está en el fin del mundo aquí hice mi casa, aquí nacieron mis hijos, aquí me gané la vida y aquí me gustaría morir... Por eso somos los únicos que ahora vivimos en el cayo.

— ¿Y cuándo empezó a pescar quelonios?

— Cuando mi tío se fue, yo tenía 13 años y me hice cargo de este pesquero. Y unos años después lo compré por 80 pesos, con botes, artes de pesca y todo. Desde entonces estoy pescando quelonios.

— ¿Y por qué decidió quedarse en este lugar tan apartado?

— Porque me enamoré de este cayo y porque mi pesquero es el mejor de Cuba. Fíjate si es bueno, que todos los años pescamos entre 10 y 12 toneladas de quelonio.

— ¿Y cuántos hijos tiene?

— Diez, cinco y cinco...

— Pero aquí nada más está Robertico...

— Es el único que queda, sí. A los muchachos no les gusta vivir en el cayo. Se van a la ciudad, a ver el mundo, a conocer. Cada vez que se va uno siento algo extrañísimo, me hago un poco más viejo.

— Alcides, ¿no tendrán razón los muchachos?

— No sé, creo que sí. Es difícil vivir lejos de todo, sin escuela... porque los maestros que vinieron aquí no resistieron cuando llegó la plaga... Fíjate si aquí la plaga de mosquitos es violenta, que cuando llega los animales salen del monte y se meten en el mar. Hasta los chivos, que les tienen terror al agua. Me acuerdo de que una vez, en una sola noche, los mosquitos mataron 18 vacas...

— ¿Y qué pasó con las otras familias del cayo?

— Tampoco aguantaron. Después de la época de Versalles nunca ha habido más de diez familias. Ahora estamos nosotros solos, y los que trabajan en la estación de Flora y Fauna para cuidar a los animales. Hasta los Alcántara, que vivieron aquí como cuarenta años, también se fueron...

— ¿Hay animales salvajes en el cayo?

— Siempre ha habido vacas, caballos y puercos salvajes. Ahora han soltado unos monos colorados, creo que son vietnamitas, y también antílopes. Pero casi no conozco el interior del cayo. Mi mundo está de la playa para allá: en el mar.

— ¿Y cuáles han sido sus capturas más grandes ahí, en el mar?

— Yo he cogido tortugas de 600 y 700 libras, y una vez pesqué un tinglado de mil y pico: parecía una vaca. Y el peje más grande fue el año pasado: un peje dama de 21 pies de largo y diez de ancho. Para sacarlo del mar hubo que traer dos tractores de Flora y Fauna. Solamente el hígado pesaba 500 libras y yo cabía de pie dentro de la boca. ¡Qué clase de animal!

Cayo romano en la literatura

De alguna manera conocer a Alcides Fals es un acto literario: más personaje que persona, este hombre es como el insólito tinglado: un animal muy viejo, en vías de extinción. Su cayería está a punto de cambiar y él no será capaz de asimilar ese cambio. Lo más triste es que, con él, se irá la memoria viva de este lugar donde vivieron unos franceses enloquecidos y por donde pasó, haciendo la novela de su vida, Ernest Hemingway, en los días en que decía perseguir submarinos alemanes por el mar Caribe.

— La gente dice que usted fue amigo de Hemingway...

— Lo que se dice amigos no sé, pero nos conocimos cuando la Guerra Mundial y nos llevábamos bien. El andaba por aquí en su barco y a cada rato venía a comer a la casa. Le gustaba mucho el carey que preparaba mi mujer, Zoila Marina. Ella también le lavaba la ropa y él pagaba bien. Siempre fue muy atento y cuando volvía de la ciudad nos traía comida y ropa para los muchachos.

— El barco de Hemingway, ¿estaba artillado?

— Yo nunca vi armas a bordo. Era un yate de pesca.

— El decía que sí estaba artillado. ¿Cuántos hombres venían con él?

— Cuatro o cinco.

— Andaban buscando submarinos alemanes...

— A ciencia cierta yo no lo sé, pero es posible. Varías veces oí decir que los submarinos alemanes venían por aquí a buscar agua, comida y gasolina, y hasta me dijeron que una vez por allá, por Cayo Guillermo, hundieron uno. Pero eso de buscar submarinos con un yate de pesca...

— Sí, está raro... ¿Y cómo era Hemingway?

— Muy bueno, una gran persona y no parecía americano. Por el trato, quiero decir. Hablaba con nosotros y nos trataba como amigos. Me acuerdo de que lo preguntaba todo y se reía mucho. Era muy respetuoso y tenía el pico duro para beber: sentado por aquí lo vi vaciar unas cuantas botellas... Cuando se despidió de nosotros, porque ya se iba de aquí, nos compró careyes y tortugas para disecarlos. Me acuerdo como me saludó desde su barco, un hombre grande y colorado, diciendo adiós con la mano.

Todavía en aquel entonces era posible imaginar aquella despedida: el cayo que Hemingway dejaba atrás y que tan bien describió en novelas y reportajes, siguió siendo el mismo durante casi cincuenta años. Parte de ese paisaje fue, desde entonces, Alcides Fals, el mejor pescador de quelonios de Cuba.

Cuando nos tocó a nosotros decir adiós a Alcides y a Cayo Romano, en nuestras mentes tratamos de guardar aquella imagen que ya no se repetiría: un hombre muy viejo y muy recio, sobre una playa virgen. La próxima imagen de ese lugar será la de una rubia alemana, con los senos al sol, a cuyas espaldas se alzará un lujoso hotel de hormigón y cristal.

1985

La gran pelea de Bill Scott

Bill Scott tiró dos golpes al aire, un-dos, y bostezó. Le gustaba despertar con la algarabía de los gorriones que habían anidado junto a la ventana de su cuarto y se levantó con un ánimo inmejorable. Lentamente, con sus pasos suaves de septuagenario ligero, fue hasta la cocina y recibió la taza del eterno café dulzón que le colaba Mañiña, su mujer de toda la vida.

Después de beber el café, salió al patio donde el sol era todavía una promesa. Se acercó al lavadero y al principio no advirtió la terrible ausencia. Pero, cuando terminó de lavarse la cara, se volvió rápidamente, con el giro de sus buenos tiempos de boxeador temible, pues sabía que faltaba algo en el ritual inviolable de cada amanecer. Buscó con la vista y, ya desesperado, el hombre gritó: "Mañiña, Mañiña, las carneritas", y empezó a caminar por el patio, arrastrando una pena sin nombre. Le parecía imposible que alguien le hubiera llevado aquellas carneritas que, durante todo un año, había criado con un inmenso celo, como hijas de la vejez, aquellos animales que, rotundamente, se negó a sacrificar el último 31 de diciembre.

Enloquecido, el anciano salió a la calle y comenzó la investigación que, 14 horas después, lo conduciría hasta el ladrón de sus dos pobres y queridas carneritas, el sorprendido adversario con quien Bill Scott celebraría su última pelea.

La primera pelea

En 1929 las cosas andaban de mal en peor. Pero justamente cuando la situación se tornaba crítica, Mañiña salió en estado. El pobre David se devanaba los sesos pensando de dónde sacaría el dinero para la canastilla de su primer hijo, pues el escuálido salario que ganaba apenas alcanzaba para la comida y el alquiler.

Precisamente por aquellos días, en Camagüey debía celebrarse un combate entre un ídolo local y un boxeador habanero, el gran Santiago

Esparraguera. Mas, cuando todo estaba listo —propaganda desplegada y localidades vendidas—, Esparraguera anunció que no podía asistir al esperado combate.

La noticia llegó al pueblecito de Florida y fue entonces cuando Arsenio el dentista, un buen amigo de David, le sugirió la idea de meterse a boxeador, únicamente porque el muchacho tenía buenos molleros. Lo menos importante era que David nunca hubiera subido a un ring. "Los golpes enseñan", era la teoría del dentista y, además, decía, el boxeo podía ayudar a David en la solución de sus problemas económicos.

— Le dieron una paliza que por poco lo matan —recuerda Mañiña—, pero vino de Camagüey de lo más contento, porque había ganado 70 pesos y ya teníamos para la canastilla. Así fue que decidió hacerse boxeador.

A partir de aquel desastroso combate, David García, o Bill Scott, como lo bautizaron en los gimnasios de Florida, le cogió el gusto al boxeo e inició una vertiginosa carrera que lo convirtió, apenas dos años después, en el welter invencible de las provincias orientales, gracias a la potencia terrible de sus golpes. Y su fama de pegador creció tanto que un día de 1932, unos empresarios habaneros fueron a verlo para contratarle una pelea con el español Antonio Horas, quien andaba haciendo estragos en la capital.

La gran pelea

El estadio de la Tropical está repleto de público. Toda la colonia española se ha dado cita para ver lo que, según la opinión unánime, será la quinta victoria del fajador Antonio Horas, vencedor de los mejores welters de Cuba, incluido El Cabo Sánchez. Su contrario, el negrito Bill Scott, es un desconocido en la capital.

Suena la campana y se inicia el primero de los 12 rounds de un combate que, en realidad, había comenzado tres meses antes cuando Bill Scott llegó a La Habana y su contrincante de esta noche lo vio entrenar. A partir de ese momento empezaron las posposiciones de a pelea, hasta que David García se impacientó y pidió un permiso para visitar a su familia, allá en

Florida. Sin embargo, a los dos días de estar en su casa, Bill Scott recibió un telegrama que lo reclamaba urgentemente para efectuar la pelea. Si no se presentaba, tendría que pagar una indemnización.

— Fue una trampa —asegura Mañiña. Lo dejaron ir para que se cansara en el viaje y para que estuviera conmigo, y así perdiera la forma. Y para colmos, en el viaje de regreso cogió gripe y la noche de la pelea estaba volado en fiebre.

El primer round transcurre apacible, dedicado al estudio. Desde su esquina Bill Scott saluda a Mañiña, que lo ha acompañado desde Florida. Sentada en el ring-side, estrena un vestido azul y una pamela de cintas. Se inicia el segundo asalto y los boxeadores se agreden, pero Antonio Horas logra colar el mejor golpe, un recto al tronco de la oreja que deja grogy al novato. A duras penas Bill Scott resiste hasta el final de asalto, aturdido también por los gritos de los fanáticos españoles que le piden a Horas "acaba con la palomita"...

— Yo nunca hablaba en sus peleas. Yo me quedaba quietecita, sin gritar ni nada. Pero a pesar del golpe, me di cuenta de que David era mejor que el gallego y empecé a gritarle: Boxea, David, boxea, no te fajes. Y él me oyó, ¿sabes?, y me hizo caso.

Al final del último round, después de la huida estrepitosa de los fanáticos españoles, el árbitro levanta el brazo victorioso del púgil camagüeyano y los periódicos de la capital, al día siguiente anunciaron: Bill Scott le dio una lección de boxeo a La Habana. David estaba listo para asaltar la fama.

La penúltima pelea

La resonante victoria sobre Antonio Horas significó la firma inmediata de cinco contratos para pelear fuera de Cuba. Su manager de entonces, Coto Ley Seca, dueño del Tejar Cuba, se las agenció para vender caro al muchacho y le preparó una gira tras la cual Bill Scott podría pelear por el título de su peso.

Justamente en los días en que se preparaba la partida de Bill Scott, desde Nueva York llegó un emisario de Pincho Gutiérrez, el manager del célebre Kid Chocolate, quien le ofrecía a David sus servicios y varias peleas en "la tierra de los dólares".

— Quizás esta hubiera sido su consagración —piensa Mañiña—, pero David le dijo que no al amigo de Pincho Gutiérrez. Le dijo que él era un hombre agradecido y que, cuando le hizo falta de verdad, Pincho no quiso ser su manager y Coto Ley Seca lo ayudó. Pero, mi hijo, cuando las cosas van a salir mal, salen mal de todas maneras: el día antes de la salida de David y Coto, tumbaron a Machado, y Coto, que era ahijado del tirano, tuvo que salir huyendo. Total, que el pobre David se fue sin manager y así recorrió doce países, ganó todas sus peleas y regresó casi tan pobre como se había ido.

Después de la gira victoriosa, Bill Scott estaba listo para mayores empeños, solo que sus sueños de grandeza únicamente podían materializarse, por aquellos años, en los Estados Unidos. Por eso David decidió retirarse en su mejor momento: no quiso combatir en los Estados Unidos pues, por nada del mundo, él hubiera sido capaz de vender ni un minuto de la más fácil de sus peleas.

Con el retiro, la situación económica vuelve a presionar a Bill Scott. Luego de varios intentos fallidos, por fin consigue un puesto de entrenador de boxeo en la Marina de Guerra. Durante varios años cumple esta labor hasta que, con el golpe de marzo de 1952, queda despedido "por no ser hombre de absoluta confianza".

Vuelven años duros, de cemento y ladrillo, pero David se encarga ahora de entrenar a los muchachos de Mantilla: de sus manos salen varios futuros campeones mundiales, entre ellos Douglas Vaillant y Luis Manuel Rodríguez, el monarca del orbe en el peso welter.

En 1960 Bill Scott vuelve a ser entrenador de boxeo: es contratado para enseñar a los muchachos de la Policía Nacional Revolucionaria que radicaban en la antigua 14 Estación.

— Allí estuvo varios años, hasta que se retiró. Pero el susto más grande que me dio David fue en esa época —dice Mañiña y sonríe. El día que empezó el ataque a Girón, David se me apareció en la casa, en un camión, junto con los muchachos del equipo de boxeo de la policía, y me dijo que se iba a pelear, que no me preocupara.

Imagínate tú...

En Playa Girón Bill Scott celebró el que debió ser su último combate.

La última pelea de Bill Scott

Aquella tarde el taburete de Bill Scott quedó vacío. Ante la sorpresa de los otros viejos jugadores de dominó, el fiel David faltaba, por primera vez en diez años, a los partidos que cada mediodía —incluidos domingos y días feriados— celebraban frente a la casa de Pancho Valiente. Ninguno de ellos sabía que el antiguo boxeador se iniciaba, aquel día, como detective privado.

Toda la mañana y parte de la tarde Bill Scott estuvo recorriendo el barrio, indagando por el paradero de aquellas carneritas que parecían tragadas por la tierra. Cuando empezaba a caer la tarde, ya fatigado, sin esperanzas, el viejo boxeador recaló en casa de su sobrina Bernardina y le pidió un vaso de agua del tiempo. Al verle el aspecto Bernardina le preguntó qué le había pasado y él le relató su desgracia.

En ese momento el corazón de Bernardina estuvo a punto de detenerse. Pero rápidamente, como ocurre con las malas noticias, le contó a su tío que Puchuchi, el de la calle Carmela, le propuso esa misma tarde el pernil de una carnerita "que había traído del campo". A dos pesos la libra, agregó Bernardina, pero Bill Scott no pudo escucharla, pues ya había doblado la esquina.

Con la seguridad de Philip Marlowe, David entró por el pasillo de la casa de Puchuchi y llegó hasta el patio. Buscó con la vista hasta hallar el latón de la basura y lo destapó: desde el fondo del recipiente lo miraron los ojos atónitos de sus dos carneritas degolladas.

El resto fue fácil: Bill Scott entró en la casa llamando a Puchuchi. El hombre, que dormía para reponerse de la mala noche, le respondió desde la cama y sus ojos rojizos miraron a David con la misma expresión que, para siempre, quedo detenida en los ojos de las dos carneritas… Bill Scott ganó por nocaut a los 35 segundos de comenzado aquel imprevisible combate y Puchuchi se tragó, como simples aspirinas, los dos dientes de oro que le gustaba exhibir con su sonrisa estruendosa.

David García, Bill Scott, se ufanaba de que, salvo la primera, había ganado todas sus peleas, dentro y fuera del ring.

1984

YARINI, EL REY
Vida, pasión y muerte del más célebre proxeneta de Cuba

Se veía caminar por una línea de ferrocarril que atravesaba un túnel angosto y húmedo, cuyo final le parecía siempre al alcance de la mano. Pero, mientras avanzaba, su desesperación crecía y la ansiada salida se le hacía cada vez más remota. Sudaba y sentía en su nariz el aroma de los musgos violáceos que colgaban de las paredes del túnel. Y por fin apareció un tren desbocado y negro que le apuntaba con la potente luz de su reflector: se lanzó entonces en la carrera más urgente de su existencia, mientras el tren se aproximaba hasta quemarle las espaldas. De pronto la vio: la rana parecía dormir sobre una de las traviesas de la línea y él trató de no pisarla. Su pie, sin embargo, fue a posarse justamente sobre el lomo viscoso del animal, y cayó bajo las fauces del tren que...

Despertó. Volvió a cerrar los ojos esperando que su respiración se normalizara. En sus veintiséis años de vida había soñado en contadas ocasiones y se alegraba de tener pocos tratos con ese mundo intangible de la inconsciencia: desde que tenía uso de razón, sus sueños habían gozado de un realismo desorbitado y, generalmente, tétrico. Pero la pesadilla angustiosa de aquella mañana había sobrepasado todos los límites y trató de explicarse el significado de aquella premonición de muerte.

Cuando Alberto Yarini y Ponce de León volvió a abrir los ojos, vio que un mediodía esplendoroso se extendía más allá de las cortinas de encaje de su ventana. Pero su mirada se detuvo sobre el cuerpo brillante y desnudo de la joven que dormía a su lado. La Petite Bertha era como una gema invaluable y exótica en ese mundo de mujeres gastadas y tantas veces digeridas, y era una maestra en el arte de hacer el amor.

El joven abandonó la cama y, completamente desnudo, abrió las cortinas de su ventana. A sus pies, la vieja calle Paula refulgía con el sol otoñal y Alberto Yarini, olvidado ya de su sueño, se sintió fuerte, hermoso, potente. Un rey.

— God save the King —dijo, y sonrió.

Apenas ocho horas después, aquel cuerpo bello y codiciado, iba a yacer, sangrante y sucio, sobre los adoquines de otra calle de La Habana, perforado por tres heridas de plomo. Porque la noche del 21 de noviembre de 1910 se desataría en La Habana la Guerra de las Portañuelas.

El Rey de todos ellos era el famoso y mitológico personaje de Yarini. [...] Yarini era el ideal. Imagínense ustedes [..], un personaje fabuloso que pasaba con su traje de dril cien, con un tremendo jipi-japa, de esos que valían como doscientos dólares en la época, que venían de Panamá, y montado en un caballo de cola trenzada, con una alparda criolla, unos caballos de condiciones, bonitos, alazanes o bayos [...] y hay veces que hasta enfilaba por la calle Obispo a caballo, saludando a las amistades, y las mujeres y todo el mundo salía a la puerta de los establecimientos a ver pasar a Yarini.

Alejo Carpentier, *Sobre La Habana.*

El muchacho de la acera del Louvre

Cirilo José Aniceto Yarini, consorte de Ponce de León, titular de la Cátedra B de Ortodoncia de la Universidad de La Habana, jamás se pudo explicar el origen de las mundanales inclinaciones de su hijo Alberto. Aquella familia, síntesis y mezcla de los antiguos Yarinis italianos y los renombrados y criollísimos Ponce de León, parientes de los Marqueses de Aguas Claras y los Condes de Villanueva, era una estirpe de personas ilustres y bien educadas, amantes de la cultura, la ciencia, la urbanidad, y respetuosos de sus deberes cívicos.

De pie, ante el lujoso féretro donde reposaba su hijo, Cirilo Yarini se preguntó dónde se había equivocado para que aquel muchacho terminara así. Quizás fue un error enviarlo a los Estados Unidos cuando tenía diez años, pero la isla ya estaba revuelta con la nueva guerra de independencia y los *colleges* americanos le brindaban a cualquier estudiante latino la instrucción necesaria para triunfar en sus atrasados países. Tal vez el error, pensó, fue traerlo a Cuba en 1900, con la esperanza de que el joven siguiera la tradición familiar e ingresara en la Escuela de Estomatología de la Universidad de La Habana. Quizás sí, porque con sus 16 años Alberto le confesó, con su rebelde petulancia de siempre, que en aquel nuevo país la vía más rápida para el triunfo estaba en la política y él no pensaba gastar cinco años de su juventud calentando el pupitre de ninguna escuela.

Desde entonces Alberto se lanzó a una vida disipada y caótica que ninguno de sus esfuerzos, consejos y presiones de padre pudo desviar. A pesar de la escuálida mesnada que le entregaba, el joven empezó a vestirse como un príncipe y, con frecuencia, Don Cirilo tenía noticias de las juergas en que se enrolaba su hijo, quien se había convertido al poco tiempo en uno más de los alborotadores y temidos muchachos que se reunían en la Acera del Louvre, y jugaban allí a sentirse dueños de la ciudad y hasta del futuro nacional.

¿Pensaría, de verdad, llegar a ser Presidente de la República?, se preguntó don Cirilo al recordar aquella sobremesa en que su hijo, sonriente, le confió su altísima aspiración. Eran los días en que Alberto se entregó en cuerpo y alma a la campaña electoral a favor de su querido Partido Conservador. El viejo Yarini, sin embargo, se sintió emocionado al evocar los acontecimientos del mitin político que los conservadores pretendían organizar en el pueblo de Güines, cacicazgo indiscutido del liberal Ernesto Asbert, un hombre que había hecho su prestigio luchando contra los españoles bajo las órdenes de Adolfo del Castillo. El tren que llevaba a los conservadores se detuvo un instante en el andén de la localidad y Alberto fue el primer y único conservador que abandonó el vehículo: el maquinista, al ver el grupo de hombres que, armados y dando vivas al Partido Liberal, se acercaba a todo correr, echó a andar nuevamente la maquinaria y se alejó del pueblo. Don Cirilo sonrió al imaginarse a su hijo que, abandonado a su suerte, desenfundó el revólver y, él solo, hizo frente a la enfurecida turba de enemigos políticos. Guapo el muchacho... "Mira si voy a ser mejor dentista que tú —le dijo después Alberto, relatando su viril encuentro— que de un solo tiro le saqué dos muelas a uno..."

Pero de ahí a convertirse en el proxeneta más renombrado de La Habana existía un abismo que Cirilo José Aniceto Yarini no se podía explicar. Con lágrimas en los ojos el anciano se preguntó dónde se había equivocado.

Un negocio próspero e indetenible

En 1894, cuando nació Alberto Yarini, la prostitución era en Cuba un negocio todavía caótico, pero potente y en vías de florecimiento... Veinte años antes, ante el auge de la ramería —que se practicaba en La Habana desde los días remotos del siglo XVI—, el gobierno colonial debió crear sus primeras instituciones encargadas de controlar y supervisar la venta de caricias: el organismo que sería el embrión del futuro Servicio de Higiene, abrió la Quinta de San Antonio, en la barriada del Cerro, para luchar contra el incremento vertical de las enfermedades venéreas. Los censos de la Quinta, en el mismo año de su fundación, reportan la existencia de casi 500 prostitutas registradas y atendidas allí, las cuales fueron obligadas a contribuir con un impuesto sobre las ganancias, como cualquier otro comerciante.

Hacia el año de 1888, existían ya en la ciudad de La Habana cinco centros fundamentales —y autorizados— para el ejercicio del amor pagado y ya el 60 por ciento de las mujeres que ejercían en la ciudad eran de origen cubano: 374 en total, aunque imperaban aún las de piel oscura, como había sido tradicional. Sin embargo, sólo un año después se produce una notable y rápida variación en la composición étnica de las oficiantes, y por primera vez las cubanas blancas superan a sus colegas de color.

El libro Confesiones de la Quinta de Higiene —como se conocía ya al sanatorio de San Antonio—, recoge precisamente en 1889 los siguientes datos: existían en la isla 744 prostitutas registradas, de las cuales 585 son cubanas y 235 laboran en La Habana, mientras que en otros puntos de la isla la cifra no supera las 30 "unidades", excepto la culta y próspera Matanzas, donde trabajaban de luna a sol 77 hijas de Afrodita. El negocio crecía, próspero e indetenible, se desarrollaba.

Un dato curioso y revelador lo constituye la composición étnica y nacional de aquellas meretrices de 1889. De las 235 laborantes capitalinas de origen cubano, ya 146 son blancas, y apenas ejercen 50 negras y 39 mestizas, que antes fueron mayoría. A nivel nacional, mientras tanto, las cifras son de 378 blancas, 111 negras y 76 mestizas. De las 156 extranjeras, por su parte, el 36 por ciento provienen de la madre patria, el 25 de México, el 15 de Puerto Rico y el 9 (ya sólo el 9 por ciento) de las Islas Canarias, el 4 del vecino del norte y el 10 por ciento restante de distintas nacionalidades, casi todas europeas. De todas estas mujeres el 65 por ciento eran analfabetas.

Poco tiempo después, con la crisis económica que provoca la Guerra de Independencia de 1895, las reconcentraciones humanas dictadas por el gobierno colonial y la muerte de muchos hombres —padres y maridos— en la contienda bélica o en las mismas reconcentraciones, nace un nuevo ejército de mujeres que para sobrevivir sólo tienen la opción de vender sus encantos íntimos. La cuestión era tan simple como prostituirse o morirse de hambre.

La República de 1902 nace políticamente mediatizada y en el inicio de una lenta recuperación económica, lo que favorece el incremento de la prostitución. Y, recién llegado de los Estados Unidos, un joven llamado Alberto Yarini y Ponce de León, en breve se lanzará a la conquista de aquel mercado donde su hermosura, donaire y excelente educación —cualidades que nunca le fueron a la zaga a su valor personal— le asegurarían un espacio cada vez mayor, hasta convertirse en el más famoso "accionista" del amor rentado en Cuba. El Rey.

Toda la fama que corre hoy en día de Yarini es mitad cierta y mitad invento del vulgo… Yarini es ahora como un santo o un guerrero. Algo famoso. Eso es debido a las pocas noticias reales, porque él de chulo no pasó. De chulo del barrio de San Isidro. Las mujeres que viven de su sexo, las prostitutas, para hablar en plata, se enamoran. Son mujeres de carne y hueso como las otras, lo que un poco más desenvueltas, sin tapujos.

Yarini tuvo su harén. Mujeres loquitas por él. Se les caía la baba, se abrían de piernas. Yo comprendo esa ilusión. Para mí el amor de un hombre arrogante es lo más grande que hay. De los mojigatos nadie se enamora. Pero de un tipo como ése, ya lo creo. Yo misma, sin haberle hablado nunca, solo de haberle visto pasearse, ya estaba medio embelesada. Porque él era algo imposible. Un tipo de varón que no se daba fácil. Había que rogarle, hacerle sus cuentos y sus guiños. ¡Qué época! Hoy no se ve eso, el amor es una vulgaridad… Poder decir: yo vivo con Alberto Yarini era muy difícil para cualquier mujer, para cualquiera.

Miguel Barnet, *Canción de Rachel.*

Los chulos sí toman sopa

Las seis mujeres ocuparon sus asientos en la larga mesa familiar y clavaron la vista sobre el plato que tenían enfrente. Todas iban vestidas con elegancia y esmero, como si asistieran a una comida de ocasión. Entonces entró el hombre. Llevaba un traje gris, bien cortado y distinguido, y su pelo relucía, negro y cuidadosamente peinado. De su cuerpo brotaba un olor a rosas frescas. Los ojos del hombre recorrieron el comedor y lo encontraron todo en el orden perfecto que él exigía. Al fin se acomodó en la cabecera de la mesa, se colocó una servilleta de hilo sobre el pecho y otra en las piernas y, con elegancia, levantó el brazo derecho. La negra que servía la mesa empezó a llenar los platos de sopa.

Aquel ritual se efectuaba todos los días en la casa de Paula 96, la mansión que Alberto Yarini compartía con sus seis mujeres favoritas, entre las que se hallaba su última y fatal adquisición, la Petite Bertha. Pero ninguna de aquellas meretrices, que noche a noche abrían su amor a incontables clientes, podía levantar la cabeza en el acto solemne de tomar un rebosante plato de sopa, la comida preferida de Alberto Yarini y Ponce de León. En una ocasión, una de las mujeres sopló sonoramente una cucharada del caldo, para manifestar así su inconformidad con aquel plato que detestaba y, tranquilamente, Yarini le rompió la sopera en la cabeza y la obligó después a ingerir toda una cazuela de sopa, bien cargada de viandas y fideos.

Terminado el almuerzo, Yarini hizo su reposo habitual y luego abandonó la casa, acompañado de sus dos perros San Bernardo. Aquel mediodía del 21 de noviembre de 1910, cuando apenas faltaban cinco horas para que su cuerpo rodara ensangrentado, Alberto Yarini era el hombre más importante de San Isidro. Además de ser el dueño indiscutible de las once mujeres más codiciadas de la zona, el joven eran también el líder del Partido Conservador en el barrio y, sin duda, un hombre querido y respetado que aspiraba incluso a un escaño en la Cámara de Representantes, pues, a su prestigio de *souteneur* afortunado, persona cabal y servicial, unía la virtud de defender, en cualquier frente, el orgullo nacional. Por todos era conocido el episodio que, hacía algún tiempo, había protagonizado en la Acera del Louvre...

El viaje más largo

Yarini conversaba con un grupo de amigos en el café El Cosmopolita. Entre sus compañeros de mesa estaba el general Jesús Rabí, negro y masón y abukúa, patriota por quien el joven profesaba una abierta admiración. En una mesa cercana dos hombres hablaban en inglés y, de vez en vez, observaban al grupo de cubanos, y en especial a Rabí, que les explicaba algo a los jóvenes oyentes. Yarini, de pronto, se puso de pie y lanzó la proposición de ir a conversar a otro sitio. Aunque contrariados, sus amigos accedieron. Una vez fuera del café, Yarini se disculpó y regresó a El Cosmopolita. Se acercó a la mesa ocupada por los dos extranjeros y en perfecto inglés les explicó que aquel negro que entraba allí junto con los blancos era un héroe del país y ellos tenían que respetarlo. Hecha la aclaración, Yarini le fue encima al más hablador de los extranjeros y, a puño limpio, le fracturó la nariz y el maxilar. A la mañana siguiente los periódicos capitalinos reseñaban el último acontecimiento de la Acera del Louvre: un joven cubano había agredido y herido al Encargado de Negocios de la Embajada de los Estados Unidos de América en La Habana...

Acompañado por sus dos hermosos perros, Yarini torció por la calle Compostela y, antes de llegar a la esquina de San Isidro, se detuvo frente a una casa de aspecto ya ruinoso y avanzó por un patio interior. Tocó la puerta del último cuarto y se encontró con la sonrisa eterna de María la Gamba, aquella negra vieja que, en sus años mozos, se había dedicado a la prostitución. "Te tengo un arroz con leche delicioso", le dijo la anciana y Yarini le besó la frente. María era una de las 15 negras viejas, antiguas prostitutas todas que, gracias al generoso bolsillo de Alberto Yarini, tenían un cuarto donde pasar los últimos años de su vida. En pago a su favor, Yarini sólo exigía que las mujeres le prepararan los dulces caseros que más lo deleitaban: la especialidad de María era el arroz con leche y los coquitos prietos.

— Hoy no vengo a comer dulces. Quiero contarte un sueño.

Media hora después, con un manto punzó sobre los hombros y un vaso de agua entre los pies, la mujer le explicaba a Yarini, con la voz inquieta del espíritu congo de Manquí Kumbele que la poseía en el trance con los espíritus africanos del más allá, que su vida corría peligro. Efectivamente: algo tan veloz y potente como un tren, avanzaba hacia él.

Lo que le hicieron a Yarini no tiene nombre. Te lo digo yo: Consuelo la Charmé. Todos saben que él era muy hombre, hombre-hombre de verdad, no de esos que se arratonan ante el peligro. Pero no solo era hombre de los buenos, sino amigo, sí señor, muy buen amigo; de esos que una cuando está de verdad jodida, puede contar con su ayuda sin condición de ninguna clase, sin nada a cambio, a pesar de que él era político, conservador. El no era de esos que te dan la mano y el saludo porque seas fulano o mengano. ¡Qué va! Él lo mismo hablaba con un negro, que con un chino, con cualquiera. No se tragaba a la gente que se ponía a murmurar si tú eras esto o aquello... Lo que le hicieron no tiene nombre.

Tomás Fernández Robaina, *Recuerdos secretos de dos mujeres públicas.*

La primera batalla

Aquel ingrato 21 de noviembre, mientras Yarini consultaba su fortuna con María la Gambá, en el café de Habana y Desamparados se decidía la suerte del chulo más notable de la historia de Cuba. Los *souteneurs* franceses Louis Lotot, José Cournier, Jean Petitjean, Jean Boggio, Raoul Finet, Ernest Laviere, Cecil Bazzout y Pierre Valentin, acordaban que Alberto Yarini tenía que morir: el honor y el prestigio de los "apaches" franceses había sido mancillado desde que el cubano le "levantó" la Petite Bertha a Lotot, y aquella ofensa, que Yarini había agravado en los últimos días, solo podía lavarse con sangre.

Había empezado la Guerra de las Portañuelas.

La vida de un barrio

El barrio de San Isidro, en 1910, era el centro nacional de la alegría y la infamia. Pero, en los años iniciales del siglo la zona había vivido días difíciles. Desde 1902, el muy estricto gobernador norteamericano Leonard Wood, en su afán de enseñar a vivir a los cubanos, había convertido aquel barrio habanero en un gigantesco burdel. Al revitalizar el Servicio Especial de Higiene y dictar su nuevo Reglamento General —el cual incluía la creación de una policía especial—, fue decretada una reconcentración de prostitutas, y las antiguas zonas de tolerancia desaparecieron, en favor de un centro del amor rentando que se ubicó en el barrio de San Isidro, que se pobló de proxenetas y matones.

En la época en que Wood lanza sus prescripciones, la prostitución había alcanzado altísimos niveles. Ahora, junto a las rameras ubicadas en burdeles y casas de cita, la ciudad de La Habana conocía un verdadero contingente de prostitutas andariegas (bisabuelas de las jineteras de hoy), que salían a recorrer las calles en busca de "puntos", mientras procuraban burlar la vigilancia de la Policía Especial (como las jineteras de hoy), siempre empeñada en registrarlas y hacerles pagar la contribución correspondiente...

El mismo año del nacimiento de la República, fueron procesadas y recluidas 83 prostitutas, se celebraron 1037 juicios por los delitos de riña, escándalo, embriaguez e infracciones varias del Reglamento Especial, mientras 81 menores de 18 años eran internadas en reformatorios.

Pero la prostitución era un mal que difícilmente podía extirpar aquella sociedad. Aparte de otros factores, es revelador un dato recogido por el censo de 1907. En ese entonces, de las 974.098 mujeres que vivían en Cuba, sólo el 7,5 por ciento tenía trabajo, por lo general en la industria tabacalera y en el magisterio, o empleadas como lavanderas, criadas y costureras. La venta del amor constituía, entonces, la única fuente de subsistencia para muchas mujeres pobres. Y el número de prostitutas crecía de año en año.

En 1910, cuando Alberto Yarini alcanza la cúspide de su fama, en La Habana existían 529 prostitutas registradas, aunque según un estudioso de la materia, en realidad esa cifra no debía pasar del 10 por ciento de las mujeres dedicadas a vender sus caricias.

Aquellas damas tristes, sin embargo, debían vivir como mujeres alegres, y al caminar por San Isidro era común oírlas entonar canciones y establecer controversias de punto guajiro, mientras otras limpiaban el quicio de las puertas, pues existía la superstición de que una entrada limpia siempre atraía a más clientes.

Las prostitutas de entonces escondían sus verdaderos nombres tras los más disímiles apelativos: unas se llamaban como la localidad que las vio nacer, otras empleaban nombres de flores y algunas usurpaban patronímicos de artistas famosas o personajes de la alta sociedad. La más dolorosa de sus costumbres era llevar tatuajes sobre el cuerpo. Se pusieron de moda, a principios de siglo, los lunares sobre las manos y en el rostro; las flores grabadas en los muslos y los senos (preferiblemente el izquierdo); los corazones sangrantes y enamorados en brazos y nalgas; las figuras eróticas en el vientre. Otras, en cambio, únicamente se marcaban con las iniciales del chulo que las representaba. El 21 de noviembre de 1910, más de 25 mujeres de San Isidro llevaban, en algún lugar de su cuerpo, las letras A.Y.

Vivir de las mujeres

Louis Lotot se preciaba de ser un verdadero profesional. Como buen *souteneur* —y buen francés— conocía las reglas y secretos de su viril oficio y, entre todos los "apaches" de la época, era el que más mujeres había traído a la isla. Por eso, todos los años Lotot emprendía una gira de negocios por su tierra natal y, varios meses después, desembarcaba en La Habana con un cargamento de primera calidad. Y fue en el último viaje que realizara a Francia, a finales de 1909, que Lotot trajo a Cuba a la mujer de sus desgracias, la habilísima y despampanante Bertha Fointaine, una parisina de 21 años y ojos transparentes.

En el otoño de 1910, cuando Lotot regresó de su viaje de recreo por California, no se asombró al saber que Bertha se le había corrido y figuraba ahora en el harén de Alberto Yarini, el más popular de los "guayabitos", denominación que los "apaches" le habían dado a los chulos cubanos.

Lotot sabía de la vertiginosa carrera de su rival. En pocos años, aquel joven que algunos conocían como "El Estudiante", deslumbró con su belleza, educación y virilidad, a las prostitutas de San Isidro, mientras hacía política en la zona. Lo que más disfrutaba Lotot de Cuba eran precisamente aquellos disparates: un líder político podía vivir de la prostitución. Maravilla de país...

Así, al recibir la noticia de la deserción de Bertha, Lotot recordó su lema de trabajo: "Vivir de las mujeres y no morirse por ellas", y como un profesional supo asimilar el golpe a pesar de la insistencia de sus compatriotas que, desde el principio, lo impulsaban a tomar venganza...

Por eso el francés nunca hubiera llegado a la violencia de no ser por la más desafortunada acción que Alberto Yarini realizó en sus 26 años de

El viaje más largo

existencia: el 19 de noviembre, acompañado por sus socios Emilo Zayas y Juan Cabeza, Yarini se presentó en la casa de Lotot, en Desamparados 42, y le reclamó la ropa de la Petite Bertha. El francés, que comprendió que Yarini hacía algo así sólo porque estaba enamorado de la prostituta, llegó al colmo de la comprensión y le entregó las pertenencias de la joven.

Pero Yarini no había concluido su ciclo de torpezas y actuó entonces como un aficionado o —lo que es mucho peor— como un hombre enamorado. Sólo así se puede explicar que el 20 de noviembre se atreviera a pasar solo frente a la casa de Lotot y le gritara al francés que cuidara a sus otras mujeres, pues Bertha sola no alcanzaba para quitarle la calentura que tenía en esos días...

Desde la puerta de su casa, Louis Lotot, le respondió entonces con una sola frase:

— Yarini, yo me voy a morir una sola vez.

Al día siguiente, aquel ingrato 21 de noviembre, mientras Alberto Yarini consultaba su fortuna con María la Gambá, en el café de Habana y Desamparados se decidía la suerte del chulo más notable de la historia de Cuba. Los *souteneurs* franceses Louis Lotot, José Cournier, Jean Petitjean, Jean Boggio, Raoul Finet, Ernest Laviere, Cecil Bazzout y Pierre Valentin, acordaron que Alberto Yarini tenía que morir: había empezado la Guerra de las Portañuelas.

Pues mira que sí, yo conocí a Alberto Yarini. Tú dirás que yo era muy chiquito cuando lo mataron, pero el día que se formó la balacera yo andaba por la calle y al oír los tiros me mandé a correr, por supuesto, y cuando oí decir mataron a Yarini, mataron a Yarini, pregunté quién era ése y me dijeron "El señor elegante que andaba con dos perros". Y entonces supe que aquel hombre que andaba con dos perros de raza era Alberto Yarini.

Y después fui oyendo sus historias y conociendo mejor a aquel hombre. Te puedo decir, por ejemplo, que Yarini era un caballero a pesar de la vida que llevaba. El trataba a sus mujeres muy finamente, sin darles golpes ni nada, y nunca le quitó la mujer a otro chulo cubano. Lo que pasa es que las mujeres se enamoraban de él. Y por eso llegó a tener entre 12 y 15 mujeres. Además, él era un tipo muy querido aquí en el barrio. Cuando había racismo de verdad, él era amigo de los blancos y de los negros, y tenía buen corazón. Por ejemplo, yo conocí algunas putas viejas que Yarini estuvo manteniendo una pila de años. Y todo lo que te he dicho lo puedes escribir así mismo, porque yo sí sé de este barrio: nací aquí y nunca he vivido fuera de aquí.

Carlos Oliver, vecino de San Isidro.

Una corona vencida

María la Gambá había conseguido alarmar a Yarini. Por eso, la noche del 21 de noviembre, el hombre revisó su revólver antes de realizar su primer recorrido nocturno por el barrio. Pepito Basterrechea, su amigo del Louvre y compañero de partido político, decidió hacer la ronda con él, y a las 7 y 38 minutos de la noche los jóvenes caminaban por la calle San Isidro, visitando las casas donde oficiaban las mujeres del famoso proxeneta.

Mientras, en el café de Habana y San Isidro, Louis Lotot y Jean Petitjean observaban los movimientos de Yarini. Una hora antes dos "apaches" se habían apostado en la azotea de San Isisdro 61, para asegurar con sus armas el éxito del plan. Louis Lotot, vestido con un traje marrón y cubierto con un bombín reluciente, le confesó a Petitjean que en realidad él no odiaba a Yarini. Petitjean pidió más coñac y cuando faltaban seis minutos para las ocho, dijo, "Vamos", y los dos franceses avanzaron por San Isidro.

Cuando el reloj marcaba las 7 y 55, Yarini había entrado en la casa de San Isidro 60, donde trabajaban Elena Morales y Celia Marín. Cuatro minutos le bastaron a Yarini para conversar con Elena y Celia, tomar la última taza de café de su vida y oír un chiste de Pepito Basterrechea.

Rosa Martínez, la prostituta de San Isisdro 61, se asomó a la puerta cuando el reloj se disponía a marcar las 7 y 59. La calle estaba inexplicablemente desierta a esa hora ya favorable, y vio avanzar, hacia donde ella se encontraba, a dos hombres. Uno usaba bombín. Entonces Rosa escuchó una risa y desvió la mirada hacia la acera de enfrente. De la casa número 60 salían, en ese instante, dos hombres: Yarini y Basterrechea... Muchos meses después, durante el juicio celebrado en la Audiencia de La Habana, Rosa Martínez recordó que al ver a Yarini sintió unos pasos en la azotea y oyó, inmediatamente, la voz que advertía: "¡Yarini, te voy

El viaje más largo

a rajar!". Y empezaron los disparos. Rosa no pudo ver nada más, porque se tapó la cara.

Cuando sonaron las primeras detonaciones, el detective José Marechal y los agentes Carlos Varona y Serafín Monteagudo, de la Policía Nacional, corrieron hacia la intersección de Compostela y San Isidro. Al llegar a la esquina fatal, los policías chocaron con un hombre que, pistola en mano, huía del lugar de los disparos, en dirección contraria a ellos. El primer detenido resultó ser Pepito Basterrechea.

Mimí era una de las mujeres de Lotot y trabajaba en San Isidro 65. Esa tarde había recibido un cliente y a las 7 y 59, salía del baño, fresca y perfumada, dispuesta a continuar la faena. Al oír las detonaciones, Mimí se asomó y vio a dos hombres que corrían en direcciones opuestas y otros dos que yacían en el suelo. Un presentimiento insondable la hizo acercarse al que estaba frente a su casa y, con lágrimas en los ojos, fue testigo de la agonía de su amado Louis Lotot.

Casi a las ocho en punto de la noche Elena Morales cayó arrodillada junto a su hombre: le parecía imposible que, sobre los adoquines de San Isidro, yaciera como un simple mortal el cuerpo del más hermoso y fatigante ejemplar del sexo masculino que ella jamás hubiera conocido. Yarini sangraba por tres heridas: una en la cabeza, otra en el hombro y la última en el costado izquierdo del cuerpo.

El sargento Arturo Nespería también había corrido al conjuro de las detonaciones y, cuando levantó a Elena Morales de la calle, reconoció al joven que se desangraba. Entonces pidió auxilio para trasladar el cuerpo del hombre, todavía vivo. Eran las 8 y 2 minutos.

Ninguno de los testigos notó que en el borde de la acera, junto a la casa de San Isidro 60, temblaba, con un impulso telúrico indetenible, una corona vencida.

JABA. La tierra en tinieblas; la isla en tinieblas; San Isidro en tinieblas; porque habrán desaparecido la simpatía y la generosidad. Luto, mantos negros para las mujeres, porque cerrada está la boca que supo dar los más ardientes besos; cerrados los labios en los que dibujaron los dioses la más cautivadora de las sonrisas. Mantos negros para las honradas, porque alimentaban sus inquietudes viéndole pasar, ruborosas y estremecidas (...) Mantos negros para las prostitutas, porque él se lleva la escala por la que pudimos ascender hasta la suprema felicidad: la de sentirnos consideras seres humanos, porque él mismo, siendo dios, no conoció el asco de rozar con sus labios los nuestros, mancillados e impuros.

Carlos Felipe, *Réquiem por Yarini.*

Sangre y dolor

Aunque Louis Lotot y Alberto Yarini habían caído, aquella guerra viril no había terminado. El *souteneur* francés llegó sin vida a la Casa de Socorros donde fuera remitido. De las tres heridas de bala que le hiciera Yarini, sólo una fue mortal: la que le abrió la frente. Yarini, mientras tanto, fue remitido al antiguo Hospital de Emergencias de La Habana y puesto en manos del famoso doctor Freyre de Andrade, que nunca tuvo esperanzas en la salvación del joven.

Minutos después de la llegada de Yarini, el hospital se convirtió en un hervidero de policías, políticos, prostitutas y familiares. La última acción de Yarini, como cabía esperarse de un rey, fue pedirle un papel a Freyre de Andrade y escribir con su letra tenue de moribundo: "De las tres heridas recibidas por el francés, el único responsable soy yo. Se las di al sentirme herido".

A pesar de la redada que realizó la policía, los amigos de Yarini no estaban dispuestos a verlo morir tranquilamente. Por eso, el 22 de noviembre, a las 5 y 50 de la tarde, se produce la segunda gran batalla de aquella guerra absurda. Los compañeros de Yarini se emboscaron en la calle Zapata, en las faldas del Castillo del Príncipe, y esperaron pacientemente el regreso de los "apaches" que asistían al entierro de Lotot. Entonces Antonio Infante, el negro Secundino Sánchez, el mulato Marcial Mendoza y Antonio Álvarez, alias El Curro, se lanzaron a la calle cuando vieron la carroza que traía a los franceses. El conductor detuvo el carruaje y se dio a la fuga, pero sólo otros dos franceses lograron imitarlo. Ernest Laviere cae herido de gravedad y Raoul Finet muere degollado.

Algunos días después, otro de los amigos de Yarini cuyo nombre es un secreto todavía bien guardado, continuó la venganza y, con un palo de escoba afilado como una lanza, le atravesó el pecho a un "apache" galo.

Mas, ni siquiera la furia solidaria de sus amigos pudo salvar a Alberto Yarini. El día 22, a las 11 en punto de la noche, el joven moría. La multitud que desde el día anterior se congregaba en el hospital, siguió entonces el cadáver hasta la casa paterna donde se efectuaría el velorio más concurrido de los primeros años de la República.

Sin embargo, la apoteosis de dolor se produciría el día 24, a las 9 de la mañana, cuando el cortejo partió hacia el Cementerio de Colón. Miles de personas abarrotaron la calle Galiano y los amigos del rey insistieron en llevar el ataúd en hombros. Todo el mundo asistió a aquel entierro memorable: desde el presidente de la República, José Miguel Gómez, hasta los homosexuales más baratos de San Isidro. Por las calles, mientras tanto, se desplegaban fuerzas de la Policía Montada y del Cuerpo de Infantería, para impedir cualquier acción de los "apaches" franceses.

El féretro, finalmente acomodado en la carroza, fue sustraído a la altura de Carlos III y, sobre los hombros de los amigos, avanzó hasta su última morada. Al llegar al cementerio, los dolientes y curiosos que asistieron a aquel funeral inolvidable, escucharon entonces el sonido inesperado y telúrico de un coro de tambores, y vieron, por primera vez en el entierro de un "pagano", la danza abakuá de dolor por la pérdida de un "ecobio": los ñáñigos, infinitamente agradecidos a Yarini por su decisiva contribución monetaria y moral para el entierro de otro "ecobio" bailaron su "enyoró" y dijeron adiós al rey.

El cortejo salió de La Habana. Los balcones repletos. Parecía un día de luto nacional. Yo me quedé pasmado, porque cuando se trata de un hermano de uno esas cosas duelen más. Llegando a la Calzada de Zapata los souteneurs *franceses empezaron a buscar rencillas. Se formaron dos bandos, con puñales en los bolsillos. Querían vengarse de la muerte del marsellés matando a uno de nosotros. Yo hubiera sido un blanco perfecto para ellos. La policía hizo un cordón, pero ni así. La reyerta fue violenta de todos modos. Yo me escondí detrás del coche fúnebre, y gracias a eso estoy vivito y haciendo el cuento. Pero a la Petite Bertha le hirieron un seno. Así, sangrando, ella llegó al cementerio. Eso es lo que se llama una mujer. Las coronas volaron hechas añicos. La gente se dispersó por las calles de tierra del Vedado, pero al cabo de media hora el tumulto estaba otra vez organizado.*

Había que enterrar al hombre por encima de los tiros y puñaladas.
Y se hizo, con la ayuda de Dios.

Miguel Barnet, *Canción de Rachel.*

E. P. D.

Desde la muerte de Alberto Yarini, Louis Lotot y Raoul Finet, la violencia se apoderó de San Isidro. Los chulos cubanos, los feroces "guayabitos", declararon la guerra eterna a los "apaches" franceses y entonaron, incluso, un himno de combate: "Franceses carentes de honor/salid de Cuba enseguida/si no queréis que Yarini/os arranque vuestra vida".

Entonces, con una frecuencia alarmante, se escucharon disparos en aquel barrio antes alegre y siempre infame. Morían los proxenetas y los prostíbulos desamparados tenían que buscar nuevos protectores. Pero el negocio decaía, pues los clientes temían andar por las calles ensangrentadas de San Isidro... Hasta que llegó el fin: el 23 de octubre de 1913, por un decreto presidencial, quedó oficialmente suprimida "la zona de tolerancia de San Isidro"... pero no la prostitución.

Por eso se puede pensar que Alberto Yarini y Ponce de León, hecho mito y recuerdo, siguió andando por las calles de la ciudad y todavía hoy vaga por ellas, dueño de la corona que ningún otro chulo ha podido lucir.

1988

LA CUMBRE Y EL ABISMO

RÉQUIEM POR MANENGUE

*¿Quién fue ese hombre, ese músico atrevido que un día olvidado y loco de
1912 sacó un cencerro y le cambió la cadencia a la música cubana...?*
"Llegó Manengue, Efik-abacuá, quende maribá"

El 14 de julio de 1891 los babalaos de Regla efectuaron, con toda la urgencia del caso, una reunión extraordinaria y solemne. Al indagar los destinos del año, en los primeros días de enero, las cazuelas habían hablado de un período tranquilo y próspero, regido por Yemayá, la nigérrima Virgen de Regla. Pero siete meses después, aquel 14 de julio memorable, los sacerdotes yorubas descubrieron al amanecer que sus cazuelas de porcelana se habían volteado, tranquilamente, sacudidas por un íntimo terremoto que ningún geólogo captó.

Varias horas después, el cónclave de notables babalaos reglanos —al que asistieron, en calidad de invitados, algunos oficiantes de la cercana villa de Guanabacoa— llegó a la conclusión de que el mundo, Cuba, específicamente Regla, acababa de recibir un niño fenómeno, predestinado a realizar una revolución en el movimiento rítmico.

Aunque la predicción de los babalaos no debió trascender los límites del cuarto de adivinaciones donde se efectuó el concilio, mucha gente conoció del juicio emitido, pero todos, presionados por los asuntos cotidianos, entregaron al olvido la noticia del impulsivo nacimiento de un músico excepcional.

Por eso, algunos años después, el día de 1912 en que Simeona Ferrol le pidió a su hijo Manengue que le comprara un cencerro para la vaca familiar, nadie recordaba que el destino y el predestinado iban a chocar por una petición materna. Pero Simeona Ferrol, cansada de perseguir a la caminante vaca por los más intrincados rincones de Regla, llegó ese día a la conclusión de que una simple campana podía ser la solución para sus angustias de origen vacuno y, mientras su hijo timbalero se ataviaba para el baile en que debía tocar esa noche, le pidió, por favor, que le comprara el cencerro en La Habana.

Como era costumbre, Manengue desembarcó en la capital algunas horas antes de que comenzara el baile y gastó su tiempo libre en la forma en que prefirió durante los más de 70 años en que anduvo por el mundo: bebiendo ron, de pie, con los codos apoyados en una barra de madera dura. Dos horas después, el músico abandonó el bar con la agradable sensación de que flotaba en una nube bien poblada de querubines.

Pero Manengue era un muchacho responsable y, antes de llegar al baile, pasó por la Ferretería Gorotiza de la calle Monte y adquirió el simple cencerro que iba a hacerlo inmortal: lo guardó en uno de los bolsillos del traje y caminó hacia la gloria.

Cuando Tata Alfonso, el director de la orquesta, vio llegar a su timbalero, respiró aliviado. Aquel excelente flautista le tenía un miedo sin fin a la liga de Manengue y el alcohol, pero aceptaba el peligro, pues vivía convencido de que nadie en Cuba podía sacarle a la paila la riqueza rítmica que le imponía Manengue.

Y el baile comenzó, sin que nadie pudiera imaginar que dentro de unos minutos el ritmo de la música cubana iba a recibir, allí mismo, un impulso inesperado y notable. Los bailadores disfrutaban ya la cadencia tibia del danzón; Tata Alfonso dibujaba la melodía en su flauta prodigiosa, tal vez fabricada en Hamelín; Antonio María Romeu acariciaba el piano con sus dedos de mago; Manengue repiqueteaba en los timbales, sintiendo una picazón insoportable en las manos y los pies, que le pedía, casi a gritos, algo más, algo más, que empujara aquella música cálida hacia un frenesí necesario. Manengue buscaba por todas partes, la picazón se le hizo inaguantable y fue entonces cuando, sin pensarlo dos veces, sacó el cencerro que guardaba en el bolsillo y empezó a repiquetear en él, como si lo hubiera hecho toda la vida.

Tata Alfonso, Antonio María Romeu, los experimentados bailadores, sintieron un corrientazo con los primeros tañidos azules de aquella campana inesperada y precisa. Asombrados, alegres, confundidos, comprendieron, sin embargo, que gracias a Manengue y su cencerro furtivo, la música cubana ya jamás sería la misma que se tocó hasta aquel día inolvidable y loco de 1912.

La vida de un hombre

Hace más de veinte años que en la casa de Céspedes número cuatro no se escucha la melodía leve y festiva de un órgano de cilindro ni el repiqueteo acerado y sordo de unos timbales bien templados.

La casa reglana donde nació y murió Antonio Orta Ferrol, el hombre que vivió bajo el nombre de Manengue, ya no es la caja de música que fue durante todo un siglo, porque con él se extinguió la pasión musical de estos Orta sin H, fabricantes de instrumentos y trovadores callejeros.

En la casa viven ahora Gervasio Orta y Manuela Catanés, hijo y sobrina del genial Manengue. Ellos, junto al recuerdo agitado de los últimos años que vivió el músico, guardan tres fotografías gastadas que son, tal vez, las únicas imágenes que existen de aquel hombre que un día le cambió el latido a la música popular cubana.

Fue aquí, en esta casa donde se inició el terremoto que sorprendió a los babalaos reglanos y también fue aquí donde Antonio Orta adquirió la enfermedad incurable del amor por la música.

— Cuando yo era chiquita —recuerda Manuela— todavía mi abuelo, el papá de Manengue, que se llamaba Antonio, igual que él, tenía un tren de órganos de cilindro que alquilaba para las fiestas que se daban en el pueblo. Él también era saxofonista y trombonista, así que debió enseñarle a Manengue lo que él sabía de música.

"Me acuerdo bien de oírlos contar que ellos salían para las fiestas con el órgano y que Manengue iba ya con unos timbales para acompañar la melodía que fuera. Y así se aficionó por los timbales y también a eso de andar por ahí, tocando dondequiera, como estuvo casi hasta el final de su vida, porque le voy a decir una cosa, su vida era tocar los timbales".

— Tal vez el único defecto que tuvo Manengue —continúa su hijo Gervasio—, es que le gustaba mucho el trago, pero puede preguntar aquí en Regla, porque ni borracho ni sobrio le faltó nunca el respeto a nadie: siempre fue un tipo cabal. Él tomaba para alegrarse la vida y ya viejo, cuando se daba unos tragos, salía con sus timbales y se ponía a tocar en cualquier esquina o le echaba un medio a una vitrola y acompañaba la canción con los timbales.

"Yo siempre me acuerdo de él, vestido con su traje y con una flor en el ojal. Me gusta recordarlo así, dándole dolores de cabeza a la vieja mía, que hasta se tuvo que colocar de criada para mantenernos a nosotros, porque él se lo gastaba todo por ahí. Yo quiero recordarlo así, y no ciego y con reuma, como pasó los últimos años, hasta que se le partió el corazón y se acabó Manengue".

El camino de la gloria

Aquel cencerro audaz e intranquilo que Manengue repiqueteo en el momento justo, inició una larga colaboración entre el timbalero y Tata Alfonso, una colaboración que influyó decisivamente en la segunda y vigorosa época del danzón.

Aquellos dos músicos empezaron, poco después, un trabajo definitivo que les abriría un lugar en la abultada historia de la música nacional. Juntos, el director y el timbalero se dedicaron a insertar rumbas y toques litúrgicos abakuás en la última parte de los danzones. Para ello, Tata confió en el talento insustituible y en el conocimiento de la materia que le aportaba Manengue, hijo de ñáñigo y ñáñigo él mismo, rumbero de cepa y timbalero excepcional.

Así, de la conjunción de aquellos dos hombres nacieron piezas que alborotaron los bailes habaneros de entonces y revolucionaron el ritmo del danzón. Para muchos, Tata y Manengue eran ya una pareja inseparable... Pero la magnífica colaboración terminó el día en que Tata Alfonso daba un baile en el barrio de Los Sitios, y Manengue se demoraba más de lo habitual. El tiempo pasaba, los organizadores de la fiesta se preocupan y al fin Tata decidió arrancar sin su timbalero. Comenzó la música y de pronto se levantó de una silla un pelotero negro con la cara blanqueada de cascarilla, que corrió hacia los timbales vacíos y se sumó al ritmo como si hubiera estado allí toda la vida.

Tata Alfonso no quiso oír la justificación de Manengue, que contaba del baile de disfraces que había tenido en Regla y de los tragos que se había tomado y que, al fin y al cabo, estaba allí, tocando con la orquesta. Ese día, el último que acompañó a Tata Alfonso, lo hizo vestido de pelotero.

El viaje más largo

A partir de entonces comenzó para Manengue una peregrinación que lo llevó a las orquestas de Juan Pablo Miranda, Armando Romeu, Tata Pereira, y también la famosa banda de Calixto Allende, en la que Manengue dejó las mejores interpretaciones de su carrera. Antonio Orta era entonces el timbalero más codiciado de Cuba y se había asegurado, por derecho propio, el pase hacia la gloria.

Flores con el timbal

Pascual Hernández es, desde hace muchos años, el rey de los paileros cubanos. Aquel muchacho que en los años 20 empezó a vivir para la música, muy pronto llegó a ser un notable estilista de la paila, ese instrumento vital en el ritmo cubano.

Y Pascualito Hernández, el timbalero cubano que triunfó en Nueva York, todavía reconoce ser discípulo de aquel músico loco y genial, llamado Manengue, al que vio tocar, por primera vez, allá por el año 1920.

— Desde que lo vi —me cuenta Pascualito— empecé a seguirlo de fiesta en fiesta, para aprender de él, porque no ha habido nadie como Manengue para tocar el danzón y el danzonete, esas melodías donde el timbal es conductor y no simple acompañante.

"Él tenía un timbal bajito, de patas de madera y cuatro llaves, y además de introducir el cencerro fue el primero que tocó la cajita japonesa. Y de él yo aprendí mucho, porque en aquel tiempo el timbalero era fundamental, pues las orquestas no usaban todavía las tumbadores y la paila debía resolver toda la percusión. Y me acuerdo de verlo tocar Marcheta, uno de los danzones más difíciles que se han interpretado en este país, tan difícil que se dejó de tocar porque muy pocos timbaleros podían con él. Manengue, sin embargo, lo hacía fácil, como si aquello fuera redoblar y cantar, porque Manengue hacía flores con el timbal.

"Yo, que en 60 años he visto tocar a todos los timbaleros que ha dado este país, te lo aseguro: nunca más salió nada como Manengue".

Efik-abakuá, quende maribá

— Yo conocí a Manengue desde los años 20, cuando era muy famoso y las orquestas lo lloraban. Pero en esa misma época, me acuerdo de que iba a tocar rumba en el Coro Alba, de Regla, y le encantaba salir con la comparsa de Los Turcos —cuenta Luis Salina, veterano obrero portuario, reglano de cepa y buen amigo.

"Cuando hablo de él me parece estarlo viendo con sus timbales en el hombro y siempre vestido de saco, porque hasta en sus tiempos malos, Manengue siempre anduvo de saco. Él era un tipo de temperamento inquieto y verlo tocar era un espectáculo.

"Como su padre, él era Efik-Abakuá, que es el segundo juego más viejo de Cuba, porque se fundó en los tiempos de España, en 1845. Y siempre lo andaba pregonando, porque cuando llegaba a un lugar decía: 'Llegó Manengue, Efik-Abakuá, quende maribá'.

"Y también era un tipo muy revirao. No le gustaba que lo explotaran y no era de los que tocaban por 40 ó 60 quilos, no. Tampoco le gustaban las colectas y prefería que le pagaran un trago. Él siempre decía: "Para que me exploten otros, me exploto yo mismo, y además me divierto". Por eso casi no trabajó en el puerto y decidió pasarse la vida tocando por ahí, con sus amigos de bohemia, Millo, Carluchito, Servando, Juan Come Gallo y esa gente.

"La última imagen que tengo de él es verlo salir por las mañanas para Santa Catalina, con una caja y una pala de punta. De ahí sacaba las calandracas que le vendía a los pescadores de mojarra y el que se lo encontrara así no podía pensar que ese hombre que sacaba calandracas había sido el mejor timbalero que ha tenido este país".

El principio del fin

La solución, al principio, fue encontrar un timbalero "emergente". Los directores de orquesta, siempre temerosos ante una imprevisible ausencia de Manengue, tenían un sustituto a mano, pues nadie quería vivir el mal momento que sufrió Tata Alfonso.

Pero aquella época romántica de la música cubana iba quedando atrás. Ya los bailes y las grabaciones daban para vivir, y nadie se quería comprometer con aquel timbalero genial pero irresponsable que, por descargar en una barra, podía embarcar a cualquiera.

Además, Manengue se iba haciendo viejo, le habían crecido muchos competidores y su fama de músico excepcional perdió terreno ante su mala fama de informal. Era el principio del fin para aquel hombre que revolucionó el danzón y toda la música cubana.

El olvido fue como un manto terrible que lo cubrió, y Manengue, que no podía vivir sin tocar, se refugió entonces en los bares de Regla, timbal al hombro. Y fue, como los viejos músicos medievales, de posada en posada, de castillo en castillo, viviendo para tocar y tocando para vivir.

Los años, los bares y la tristeza

Argimiro Villarnovo, alias Millo, todavía cumple con el encargo de amenizar bodas y cumpleaños, en los que acompañado de su tres y su decrépita filarmónica alemana, canta viejos danzones y boleros melancólicos. También Millo frecuenta los bares de Regla y descarga allí durante horas, como solía hacerlo en sus buenos tiempos. Flaco, canoso, narizón, Argimiro Villarnovo tiene nombre de capo siciliano y es, quizás, el último de los músicos ambulantes de Regla.

— Desde el año 35 yo estuve tocando con Manengue —recuerda Millo— y estuvimos juntos hasta el final. Durante 30 años formamos muchos grupitos, y mientras unos se iban otros venían, Manengue y yo nos mantuvimos juntos.

"Cuando empezó a tocar conmigo ya a Manengue no lo querían en las orquestas, porque se estaba poniendo viejo y, sobre todo, por su amor al trago, pero todavía le sobraban condiciones y había que verlo tocar, y más si se daba unos palos, que era así como mejor se sentía.

"En esos años nosotros tocamos en mil fiestas, y cuando no teníamos fiestas tocábamos en el bar de Yayo, en el Buenos Aires, en el México Bar, en el Cinco Esquinas, el Mar y Tierra, o en la casa de Adela, que era, como se decía antes, una casa de mujeres malas, aunque todas estaban buenísimas. Ah, y además tocábamos por la calle el día de la Virgen de Regla, el de fin de año y esos días así, y muchas veces fuimos a la casa del santero Juan Besón, que era amigo de gente importante, desde Luque el pelotero hasta Rita Montaner, pasando por médicos, abogados y políticos.

"Y así estuvimos muchos años juntos, hasta que Manengue cogió reuma de estar tanto tiempo metido en el agua sacando calandracas, porque eso de la música callejera nunca dio para vivir. Y después se quedó casi ciego y no pudo volver a salir por los bares y las fiestas. Entonces a Manengue le dio por morirse y se murió, hace ya más de 20 años, porque fue el 23 de abril de 1967. Y dicen que se murió del corazón, pero yo sé que no. Manengue se murió de tristeza".

Tocar hoy, mañana y siempre

— Creo que nadie exagera cuando se afirma que Manengue fue el mejor timbalero de Cuba, al menos, el mejor de su momento, y sin duda, el que revolucionó por completo la concepción que existía de los timbales en la música popular —explica Jesús Blanco, musicólogo, cellista y, en una época, timbalero como Antonio Orta.

"El origen de su genialidad radica en que Manengue recibió un instrumento primitivo y de posibilidades reducidas y entregó unos timbales enriquecidos y aptos para las transformaciones que luego desarrollarían Ulpiano Díaz y Pascualito Hernández. Y esa revolución que realizó Manengue se debió, sobre todo, a que el instrumento no tenía las posibilidades rítmicas que él quería expresar, y que pudo materializar con la introducción del cencerro, la cajita japonesa y con otras excentricidades como rayar las persianas y repiquetear en el suelo.

"Manengue fue, además, el primero que hizo solos de timbales, lo cual fue factor importante en la introducción de los ritmos afros en el danzón, proceso que terminó por cambiar la rítmica de la danza con el tratamiento de los cantos litúrgicos y las claves abakuás.

"Manengue, a mi juicio, llena una etapa importante de la percusión en la música cubana y su personalidad también es, de cierta forma, un reflejo de la vida de aquellos músicos populares cuya única realización era tocar hoy, mañana y siempre".

Réquiem por manengue

Rita Reyes, la mujer estoica y amable que durante 50 años compartió su vida con Manengue, también murió. Apenas lo sobrevivió algunos meses, porque la ausencia de su hombre era tan insoportable que, como él, enfermó de tristeza y le siguió los pasos.

El bar de Yayo es hoy una cafetería. En las Cinco Esquinas no queda ningún comercio y la casa de Adela es apenas un mal recuerdo. Servando, uno de los compañeros de Manengue, vaga tranquilo por Regla y agradece que le paguen un café, y Millo insiste en vivir como el bohemio que fue.

Los timbaleros usan dos, tres cencerros afinados, reforzados con soldaduras de bronce para matizar su sonido, pero el danzón es hoy música de museo que no se toca en ninguna fiesta y los timbaleros desconocen quién les enriqueció su sonoro instrumento.

Manengue y el olvido son sinónimos tristes. Pero el espíritu de Manengue no goza de la paz de los justos, porque, a pesar de la desmemoria, Manengue está donde unos timbales repiqueteen fuerte, donde un músico ambulante, entre trago y trago, le canta a los amores perdidos. Manengue anda por ahí, todavía.

1987

CHORI
Vida, pasión y muerte del más célebre timbalero cubano

La casa colonial de Egido 723 ya no existe. Sus paredes, lamidas por el tiempo, el abandono y el salitre del puerto cercano, tuvieron al fin grietas insalvables, y la casona, antes aristocrática y ventilada, transformada después en bulliciosa cuartería, lanzó sus últimos gemidos en el acto irreversible de la demolición. Caía vencida, con pena y sin gloria, como unos pocos años atrás, durante el incomparable verano de 1974, muriera allí el Chori, el más famoso y querido de sus vecinos...

Porque el día que murió, nadie lo supo. Su vida irregular y bohemia, a pesar de los 74 abriles achacosos y maltratados con que ya contaba, no permitía que nadie le siguiera las huellas.

A la mañana siguiente de su muerte, alguien debió preocuparse: él siempre se dejaba ver, todas las tardes, al menos un rato. Pero al segundo día la fetidez temible que se escapaba de su cuarto, advirtió a los vecinos y entonces fueron violadas las puertas de aquel pequeño santuario, aquella accesoria de solar barato donde había vivido y bebido, llorado y gozado, durante más de 40 años.

Definitivamente rígido en la cama encontraron el cadáver de aquel hombre que había venido a la tierra para alegrar a los demás. Las paredes preñadas de fotos célebres y recortes de periódicos en los cuales se le veía sonreír, daban un grotesco ambiente de carnaval a una escena de muerte. En su pequeño altar de caoba, con su manto punzó y el rostro duro de siempre, Santa Bárbara había visto también el final de ese hijo suyo, un hombre de muchos amigos, pero que había muerto solo como cualquier olvidado de la tierra.

Los rostros del Chori

"Chori es, ante todo, un espectáculo visual. Chori es algo más que un excelente payaso (...) Con su voz ronca, gastada, decadente y con su retahíla de timbales, botellas, sartenes, es un fenómeno musical: un ejemplo vivo de intuición creadora".

Revista Bohemia, agosto 12 de 1961.

De Santiago a Marianao

Cuando Silvano Shueg Hechevarría llegó a La Habana, procedente de su oriental Santiago de Cuba, estaba tan desnudo como el día de su muerte. Aquel joven, que vivía para soñar con la fama, sólo traía consigo la juventud y el amor por la música, aunque en su memoria también guardaba el recuerdo de su amistad y los tragos bebidos con Sindo Garay y Manuel Corona, el dolor del hambre que lo hizo emigrar y el sonido de su apodo de niñez: Choricera.

Nadie recuerda ya aquel mediodía de domingo de 1927 cuando hizo su fugaz debut en la academia de baile de Marte y Belona. Los bailadores, preocupados por su propio virtuosismo y por las nalgas de las mujeres ajenas que se insinuaban al ritmo de un son, no pudieron notar que un nuevo timbalero, feo e inquieto, había ocupado la tarima con la olvidada orquesta de turno. Allí el Chori, como Silvano prefirió llamarse para siempre, exhibía sus facultades sin que nadie lo aplaudiera y, por ello, decidió volar hacia donde pudiera ser lo que él necesitaba ser: el centro de todo.

Por eso una noche, a bordo de un tranvía y con las baquetas en un bolsillo, salió a probar surte en los bares de la playa de Marianao, donde todo era posible. Guiado por su intuición, se dirigió al club Los Tres Hermanos y pidió un *time* para demostrar quién era. El dueño —el menor de los tres hermanos— asintió sin embullo pero despreocupado, pues sus borrachos habituales soportaban cualquier cosa.

Lentamente el Chori preparó su número definitivo. Llenó con agua, hasta distintas alturas, varias botellas de cerveza que colocó sobe una mesa, profirió entonces un grito terrible, abrió los ojos desorbitados, sacó la lengua larga y ancha y con sus baquetas empezó a extraerle una música recóndita y única a la inconcebible hilera de botellas.

Los borrachos habituales del lugar, involuntariamente despabilados, vieron así la primera presentación en grande del que llegaría a ser el más célebre y singular timbalero cubano de todos los tiempos... Doce canciones después, Los Tres Hermanos se convertía en el cuartel general del Chori y en el bar más visitado de la playa de Marianao.

Los rostros del Chori

"En la década del 40 yo toqué con el Chori en El Ranchito. Cuando aquello yo era bongosero y tumbador, y el grupo sólo tenía un tres, una guitarra, un bajo, la tumba y al Chori con sus sartenes, botellas y cuanta cosa diera música. Y daba gusto verlo tocar, por mi madre que sí. El se paraba muy serio, como pensativo, delante de los instrumentos y de pronto empezaba a sonar y cantaba y mientras cantaba se metía con la gente y decía todo lo que se le ocurría, porque además de buen músico era un tipo ocurrente.

"Vaya si era ocurrente. Una vez, entre las mil gentes famosas que iban a vernos, cayó por el bar Cab Calloway, el jazzista americano. Se sentó pegadito a la tarima y estaba embobado con la música del Chori, que también tenía una voz tremenda. Y de pronto empieza Chori con sus monerías y le agarra con dos dedos, así, como si fuera una tenaza, la nariz a Cab Calloway y seguía tocando con la otra mano, y Cab Calloway sin poder zafarse de los dedos del Chori. Y bueno, pa qué contarte, se acabó la amistad del Chori y Cab Calloway. ¡Qué Choricera ése!

"Pero no lo juzguemos sólo por eso. Creo que lo mejor de Chori era su corazón. Ese hombre ganó miles de pesos y nunca se preocupó por tener nada, ni siquiera una máquina o una buena casa, y sin embargo, ayudaba a todo el mundo y por eso tenía muchos amigos. El dinero para él sólo servía para el ron y para sus socios. Así era él".

Sabino Peñalver, bajista de la orquesta Chapotín.

La cumbre

En pocos años el destino del Chori cambió y, con el suyo, el de media docena de bares de Marianao. En este ambiente sin lujos ni grandes escenarios, realizó toda su carrera musical. Le gustaba caminar por las calles más oscuras de la playa, oyendo la música sin fin de los guitarristas callejeros, envuelto en el olor a emparedados, fritas y cervezas, escuchando el sonido opaco de los tiro-al-blanco y respirando la brisa nocturna del mar.

Se sabía rey en aquellos bares que debían su nombre al talento del Chori. El Pennsylvania, El Niche Club, El Paraíso, Los Tres Hermanos, y el que se convirtiera en su cueva durante diez largos años: La Taberna de Pedro, un rincón con piso de cemento, paredes de tablas y techo de zinc.

Allí, sobre la plataforma con barandas, se lucía el Chori. Cada noche, cuando "la cosa se ponía buena", sus admiradores lo veían subir, con un pañuelo rojo atado al cuello, del que también pendía una gran cruz de madera, nunca de oro. Entonces se dirigía a su orquesta diminuta y empezaba el imprevisible show.

Cuentan los que lo vieron que "un inexplicable talento musical guiaba los oídos y las manos de este hombre para sacar armonía de objetos disímiles como timbales, botellas, sartenes y bocinas", mientras cantaba "Hayaca de maíz", "La Choricera", "Frutas del Caney" y "Enterrador, no la llores".

Y allí lo fueron a ver todos. Lo vieron Imperio Argentina, Agustín Lara, Rita Montaner, Cab Calloway, Gary Cooper, Chano Pozo, Toña la Negra, Ernesto Lecuona, Berta Singerman, Bola de Nieve, Ernest Hemingway, María Félix, Barbarito Diez, Josephine Baker. Lo vio Errol Flynn, que le entregó, hipnotizado, un papel para su filme "La pandilla del soborno", rodada en La Habana. Y lo vio también Marlon Brando, su amigo y protector desde el primer encuentro, el único hombre que estuvo a punto de sacar al Chori de Cuba.

Los rostros del Chori

"La voz del Chori. Era una voz gruesa, así, profunda, de este gordo, y hacía uno de los mejores segundos que he oído en mi vida y yo he oído bastante.

Y eso que cuando lo oí bien ya él estaba viejo. Y fue en los años 60, cuando nosotros coincidíamos mucho en la peña que tenía Sirique en su taller del Cerro, un lugar donde se reunían los mejores trovadores de Cuba. Hasta Sindo Garay iba. Allí conocí al Chori, lo oí cantar y lo vi tocar en un lugar que Sirique había preparado especialmente para él, con sus sartenes y botellas, y lo recuerdo como un hombre cómico, con un chiste siempre en la boca, aunque pensándolo bien, a veces se quedaba serio, pensativo, como si de pronto se pusiera muy triste".

Hilda Santana, la Trovadora de Cuba.

Ni por aire ni por agua

Por un breve espacio de su vida, el Chori abandonó la playa para compartir con Miguelito Valdés la escena rutilante del Sans Souci, el más famoso cabaret-casino de la época. Los gerentes, además de un sueldo respetable, le habían asegurado la ropa elegante que debía usar en sus actuaciones, una habitación permanente en el hotel Plaza y un auto con chofer. Pero la Asociación de Músicos, a la cual no pertenecía el timbalero, logró terminar con aquel hechizo momentáneo: no pertenecer al gremio lo invalidaba para actuar en lugares de aquella categoría. Y el Chori regresó a sus bares queridos, repitiendo la promesa de no abandonar jamás aquel rincón donde era el cacique absoluto.

La noche que Marlon Brando lo fue a ver por primera vez a La taberna de Pedro, el Chori apenas se acordaba del episodio del Sans Souci. Vivía su existencia pacífica de rones baratos y noches de música despreocupada.

Pero el actor norteamericano, dueño ya de una carrera gloriosa y segura, vio en aquel excéntrico timbalero (que desde el primer día lo trató como un viejo amigo), infinitas posibilidades artísticas y le propuso llevarlo a Hollywood para que explotara allí su inmenso talento. No era la primera vez que un empresario le proponía al Chori buscar otras fronteras, siempre sin éxito. Brando, en cambio, logró más que los otros: consiguió trasladarlo hasta el aeropuerto.

El día que abandonaría La Habana, el agente teatral contratado por

Brando lo condujo a Rancho Boyeros. Chori vestía el mejor de sus trajes y no llevaba maletas. En La Florida lo esperaba el actor con todo lo necesario para la nueva vida que emprendería. El solícito agente le chequeó el boleto y lo siguió al interior del aeropuerto. El Chori estaba inquieto y cuando anunciaron la inminente salida del vuelo con destino a Miami, el Chori le dijo a su acompañante que iba a tomarse un café antes de montarse en el avión… Media hora después, el Chori estaba en su cueva, frente a un trago de ron, y diciéndole a sus amigos: "Ni por aire ni por agua voy a ningún lado".

Los rostros del Chori

"Si en Cuba ha habido un bohemio, ése era el Chori. Yo recuerdo haberlo visto por primera vez, allá por el año 50, en el bar Rosal, que estaba en Animas y Crespo. Él iba allí mucho por la mañana, cuando bajaba de la playa, y antes de ir a acostarse, se tomaba unos rones en la barra con los madrugadores. Por suerte para él, incluso en los tiempos malos, tenía la comida segura, pues antes de irse a trabajar, ya por la tarde, pasaba por La Zaragozana, donde el dueño del restaurante había ordenado que siempre le sirvieran un buen plato de comida, simplemente porque el Chori le caía bien. Y así iba viviendo.

"Una faceta del Chori que casi nadie recuerda es que hacía caricaturas. Con la misma tiza con que andaba por ahí poniendo su nombre, se tiraba en la calle a dibujar a la gente y lo hacía bien. Por ejemplo, una vez pintó a Lecuona con un sombrero de pajita, y cuando Lecuona lo fue a ver y le preguntó por qué lo había dibujado con sombrero, si él nunca lo usaba, El Chori le respondió: 'Na, así estás más bonito'.

"Y, como músico, hay que reconocerle la calidad indudable de algunas de sus composiciones. Como creador e intérprete fue un artista excepcional que abordó todos los géneros de su época en la música cubana. Y no se puede olvidar su extraordinario sentido del ritmo. El hecho de que agregara a los timbales otros objetos sonoros, indica claramente que no podía expresar, sólo con los timbales, la cantidad de ritmo que su cerebro y sus manos producían".

Jesús Blanco, musicólogo.

Adiós al Show

Las lluvias del verano de 1974 empezaron a borrar los carteles de letra redonda y limpia que por toda La Habana había regado el Chori. "El artista se anunciaba solo", como decía su slogan, únicamente necesitaba grabar su nombre en una pared: él mismo era el resto de su propaganda.

Hoy no quedan en La Habana las firmas del Chori. Como a su mundo, el tiempo se las llevó, para dar paso a otro mundo, a otros tiempos.

La playa de Marianao también cambió su destino y allí nadie sabe del Chori, ni de su rival Teherán, el timbalero que compartió el Cotton Club con Duke Ellington y Cab Calloway; ni siquiera es posible localizar ya el rincón de las mulatas "bronceás", especialistas en bailar rumba de cajón.

Un día de 1963 el Chori abandonó el show. Pero él se realizaba y vivía del show, y entonces se fue apagando, se fue perdiendo y se le vio caminar con dos baquetas en el bolsillo y una tiza en la mano. El timbalero que había llegado de Santiago de Cuba en 1927, seguía soñando con la fama que una vez alcanzó y su nombre inscrito en las paredes de La Habana fue el testimonio de su incontenible nostalgia.

Ya no quedan en La Habana las firmas del Chori.

1987

La noche triste de Chano Pozo

"Chano Pozo fue un revolucionario entre los tambores del jazz; su influjo fue directo, inmediato, eléctrico (...) Por el tambor de Chano Pozo hablaban sus abuelos, pero también hablaba toda Cuba. Debemos recordar su nombre para que no se pierda, como el de tantos artistas anónimos que durante siglos han mantenido el arte musical en su genuina cubanía".

Fernando Ortiz

Ahora estoy convencido de que Caridad Martínez, la mulata blanconaza y esbelta que vivió varios años con Chano Pozo, jamás conoció a su hombre. Lo delata el hecho de que Cacha llegó a declarar que aquel sombrío 3 de diciembre de 1948, vísperas de Santa Bárbara, Chano salió de la casa "más alegre que nunca", con la mente ocupada, únicamente, por las ilusiones de su cercano debut en el Strand. La alegría del músico, según Cacha, se debía a la seguridad que tenía Chano de haber tocado al fin la cumbre de su carrera artística y al poder de aquellos dólares que llevaba en los bolsillos, tantos como él jamás imaginó que existieran en el mundo.

Sin embargo, mientras cubría el camino entre su apartamento de Harlem y el Rio Cafe and Longue de la calle 112, el más grande de los tamboreros cubanos de todos los tiempos era, ese preciso día, un hombre triste y melancólico, maltratado por la nostalgia, que miraba sin entusiasmo las infinitas luces de la opresiva ciudad, algunas de las cuales servían para hacer refulgir su propio nombre: "MANTECA, CHANO POZO CON LA BANDA DE DIZZY GILLESPIE". Por eso, con los pies heridos por el frío de Nueva York, Chano Pozo no pudo impedir que su corazón se le hubiera escapado hacia La Habana: a esta misma hora, en Cayo Hueso, Pueblo Nuevo y Belén, los altares tapizados con mantos rojos están llenos de ofrendas y velas, esperando el 4 de diciembre, y los tambores ya están llorando su salvaje y ancestral plegaria de bienvenida al guerrero Changó, tu padre, dueño del rayo y de la espada... Pero esta noche, Chano, faltará tu tambor... Por eso ahora, en Nueva

York, bajo la nieve intermitente, tú piensas en Changó y en ciertas promesas incumplidas que te atizan más que el frío.

Aún quedaban dos horas para la medianoche cuando Chano Pozo entró en el Rio Cafe and Longue, donde había decidido esperar a unos amigos. Apenas saludó a unos conocidos y se dirigió a la vitrola. Después de mucho pensar, había encontrado al fin una forma personal de saludar el día de Santa Bárbara... Chano Pozo, con la mente perdida en sus nostalgias y promesas, nunca pudo imaginar que, poco antes de la medianoche, lo sacarían de aquel local envuelto en dos manteles rojos y con seis balas en el cuerpo.

Viaje a la semilla

Cayo Hueso tiene el sino de ser, para siempre, Cayo Hueso. La antigua y reconocida fiereza de este viejo barrio capitalino, los ecos de su fama miserable y violenta, apenas han cambiado en los dos últimos siglos. Los negros curros de antaño se ven reproducidos ahora por algún guapo de la nueva escuela; sus más renombrados y tétricos solares, célebres desde "los tiempos de España" sobreviven aún, ocultos tras una sucia fachada incapaz de expresar la imagen de lo que vivió y vive en sus entrañas. Sin embargo, si uno va bien acompañado —y esto sólo se logra con algún vecino del barrio— uno puede desandar a cualquier hora del día —siempre es aconsejable no hacerlo por la noche— sus más famosas calles, sin demasiado temor a que una navaja sigilosa le atraviese un pulmón o que lo encuadrillen en una esquina y le quiten hasta los calzoncillos. Entonces descubre que no todo sigue siendo igual: ahora en Cayo Hueso hay edificios grandes, limpios, de un lujo simplón, y el Parque de Trillo es un lugar para que los muchachos corran y se diviertan.

Durante muchos años este barrio feroz, con ventaja sobre Pueblo Nuevo y Belén, se ha disputado la paternidad de Chano Pozo, aquel percusionista callejero que, en un tiempo récord y con sus tambores cubanos, logró revolucionar la revolución del *bebop*. Tras la pista de Chano Pozo y su historia singular ando y desando Cayo Hueso, converso en las esquinas, observo los sitios que frecuentó, respiro el aire que él respiró, y más de una vez siento que el barrio vuelve a ser el mismo de antes, tétrico y animado, y consigo escuchar la frenética rumba de cajón que se ha armado en el solar Rancho Grande, oigo los gritos de una bronca fratricida que hay en el parque de Trillo y observo con recelo de forastero el paso tempestuoso de dos guapos que advierten a voz en cuello, mostrando sus dientes dorados, que ellos no creen ni en la madre que los parió y se matan con cualquiera...

— Yo no sé bien si Chano nació aquí o no —me advierte Herminio Sánchez, un mulato flaco y de voz cansada, que se vende a sí mismo como una autoridad en la historia oculta de Cayo Hueso y me sirve de escudo en algunos de mis recorridos por el barrio. Lo que sí sé es que aquí fue donde pasó su miseria más grande. Por aquí andaba él, hecho un apargatú, un habitantón, con su hermano mayor, el Mamadeo, y sus socios Armando el Mono y Francisco el Africano, tratando de inventar un peso, metidos en mil líos, tocando en cualquier rumba. Por cierto, el Mamadeo fue el que mató a un hombre de una puñalada en una bronca que formó Chano, y el pobre se pudrió en la cárcel... Y en este barrio, después, fue que Chano salió con las comparsas, y aquí se hizo abakuá, en uno de los juegos de este barrio.

"Ah, otra cosa de la que estoy seguro es de que Chano vivió ahí, en la otra esquina, en el solar El África. El África era un solar de ampanga, mi compadre. Por las noches el patio se alumbraba con un solo bombillo y las tendederas y guindalejos daban más oscuridad todavía. Aquello era una jungla y de contra ahí vivían como 200 negros... ¿Se le podía poner otro nombre mejor? Era el África misma. Y fíjate si era malo que allí no entraba la policía. No se atrevían. Pero lo mejor que tenía el solar era sus cinco salidas: uno entraba por un lado y podía salir por cualquiera".

El solar El África ha corrido la suerte de otras cuarterías habaneras. El tiempo lo venció y en 1980 debió ser demolido y sólo existe hoy un inofensivo frontón. Pero mucha gente del barrio se atreve a asegurar que justamente allí nació Chano Pozo.

— La gente no debería hablar de lo que no sabe, muchacho. Para saber esas cosas hay que conversar con la familia, ¿verdad? —me advierte Petrona Pozo, la hermana más pequeña de Chano, la preferida del músico y la única sobreviviente de aquella familia asediada por todas las miserias. Nosotros nos mudamos para El África cuando ya éramos grandecitos, después que murió mamá. Pero nacimos todos en El Vedado, en el solar Pan con Timba, de la calle 33: de ahí salió Chano Pozo.

Un hombre afortunado

— Después de todo Chano fue un hombre con mucha suerte —afirman, puestos de acuerdo por única vez, familiares, amigos y conocidos del excepcional tamborero cubano. Hay que tener tremendísima suerte para salir de dónde él salió y llegar hasta donde él llegó.

— Y fíjate si tuvo suerte —remata Herminio Sánchez— que le cayó bien al senador Hornedo, el dueño del periódico El País, el magnate que vivía en la casona ésa de la calle Carlos III, la que ahora es la Casa de la Cultura. Porque Chano era un tipo así, vaya, chistoso y jodedor, y Hornedo lo protegió y le consiguió algún trabajito y todo. Pero lo suyo era la música, y él era el único aquí que tocaba el tambor, cantaba y bailaba, y lo que tocaba era inventado por él, porque nunca estudió música y creo que hasta era analfabeto. Pero tenía eso que se llama un "don", ¿tú no crees? Y na, cosas de la vida, como le caía bien a Hornedo, entraba y salía de su casa cada vez que le daba la gana. Y Hornedo fue el que lo levantó, te lo digo yo.

— Sí, la verdad es que Hornedo fue muy bueno con él —admite también Petrona Pozo. Gracias al senador, Chano no tuvo que vender periódicos ni limpiar zapatos, como mi padre, que estuvo de limpiabotas, hasta que se murió, ahí en la esquina de Zanja y Belascoaín. Pero la persona que de verdad más ayudó a Chano fue Amado Trinidad, el dueño de Radio Cadena Azul. Fue, incluso, el que puso el dinero para que a Chano lo enterraran en Cuba.

— Yo conocí muy bien a Chano —confiesa, con un dejo de orgullo, Roberto Cortés Ibáñez, hermano de religión de Chano Pozo, hombre nacido y criado en Cayo Hueso. Lo conocí cuando chiquito, pero después lo dejé de ver porque estuvo preso hasta los 16 años en el reformatorio de menores de Guanajay, por una de sus broncas. Allí fue donde Chano aprendió a leer y escribir... Después nos volvimos a ver cuando él se mudó para el solar El Ataúd, en el barrio de Colón, muy cerca de mi casa. Allí vivía con Laura, una de las mujeres que tuvo.

"Chano era un tipo bajito, pero muy fuerte, 'trabao', como se dice. Y también era muy impulsivo y no le tenía miedo a nadie. Pero creo que donde se equivocó fue metiéndose a abakuá, porque la religión no tiene nada que ver con la guapería y, además, nosotros no tenemos que andar pregonando por ahí que pertenecemos a esa hermandad. Incluso, cuando Chano murió, estaba expulsado de su juego, no por un problema de hombría, no, su lió fue que grabó para Radio Cadena Azul unos cantos secretos y su juego lo expulsó por 120 años.

"Por otro lado, yo sí sé que la persona que más ayudó a Chano Pozo en este país fue Rita Montaner. No vayas a estar creyéndote eso de Hornedo. El senador no era tan bueno ni quería tanto a Chano como dice la gente. La verdad... no sé si debo decírtelo, pero bueno, de eso hace mucho tiempo. La verdad es que Chano era uno de los guapos de Hornedo, que como todo político tenía su piquete de matones. Fíjate, era una época muy dura y no había forma de ganarse cuatro pesos, así que Chano, después que salió del Reformatorio, no tuvo más remedio que trabajar para Hornedo, porque si no, ¿qué iba a hacer?

"Y ya que te dije eso, te voy a decir algo que casi nadie sabe: cuando Rita Montaner ayudó a Chano, y hasta salieron juntos al frente de los Dandys de Belén, ellos eran marido y mujer, no casados, claro, pero marido y mujer al fin y al cabo", insiste Roberto Cortés Ibáñez.

Un rostro en la muchedumbre

¿Quién era, en realidad, aquel negrito feo y guapetón que gracias a su habilidad innata para golpear el tambor escaló uno a uno todos los peldaños que conducen a la inmortalidad? ¿Quién era este hombre que obligó a escribir a un importante crítico de jazz: "La poderosa y principal influencia de la música afrocubana sobre el jazz y, especialmente, en el *bop*, alcanzó su punto culminante en el invierno de 1947, cuando el director de banda Dizzy Gillespie contrató al tamborero cubano Chano Pozo para un concierto en Town Hall"?

¿Quién era, en verdad, Luciano Pozo González?

Chano Pozo era todo lo que dicen los cronistas, sus familiares, sus amigos, pero era mucho más: Chano era el marginalismo habanero de su época y era La Habana misma, maltratada y alegre, ruidosa y adolorida, la única ciudad capaz de parir, de sus entrañas más oscuras, un talento silvestre y natural como el de aquel hombre destinado a la inmortalidad gracias a su habilidad única para golpear los cueros de un tambor.

— Por eso cualquiera te puede decir algo de Chano, porque Chano estaba en todas partes —confirma Roberto Cortés Ibáñez. Lo mismo vivía en un barrio que en otro, andaba con ésta o con aquella mujer, y salía con cualquier comparsa. El era de cualquier barrio... Para que veas, que todavía me acuerdo: el fue bailarín y tocador de las comparsas de El Barracón, La Mejicana, La Colombiana Moderna, La Sultana y La Jardinera, que son todas comparsas de barrios distintos. Con los Dandys de Belén, haciendo figura de "barón", salió después, ya en los años 40, cuando era famoso, porque para salir al frente de los Dandys había que tener dinero y buena ropa.

— Chano empezó a subir cuando entró en Radio Cadena Azul, la emisora de Amado Trinidad —recuerda su hermana Petrona. Enseguida empezó a ganar buen dinero y lo primero que hizo fue comprarse un traje de petronio, esa tela carísima. Después invertía mucho dinero en trajes y prendas, y por eso llegó a ser uno de los hombres mejor vestidos de La Habana, y más de una tienda lo usaba como modelo exclusivo de sus ropas, para que sepas cómo se vestía ese negro... Nunca se me olvida el sortijón aquel que se compró, tenía una piedra así, del tamaño de un garbanzo, pero de un garbanzo cocinado, y usaba una medalla de Santa Bárbara en la cadena que era del tamaño de una tapa de esas de litro de leche, de oro macizo, pesaba una barbaridad. Y toda la corona de la virgen era de rubíes...

"Pero lo que te decía: ahí en la emisora fue donde formó el Conjunto Azul y empezó a hacerse famoso de verdad. Y fue allí donde conoció y se hizo amigo de Rita Montaner".

— Aunque yo era muy chiquito, me acuerdo de Chano en la casa de Rita —rememora Cala, fotógrafo de oficio, bongosero de corazón, conocido entre los jazzistas cubanos como "el blanco con manos de negro". Yo era amigo de la familia y como me gustaba tanto la música me colaba en las fiestas que hacían todos los fines de semana. Allí siempre estaba Chano, elegantísimo. Pero había que ver cómo tocaba ese hombre: sacaba música hasta del piso, porque se tiraba en el suelo y con esas manazas que tenía empezaba a repiquetear en las lozas. Del carajo... Según tengo entendido fue Rita quien lo metió en Radio Cadena Azul y Chano siempre se lo agradeció. Aunque él era muy bruto, siempre fue sentimental y agradecido.

El viaje más largo

— Por esa época, ya a principios de los 40, Chano Pozo era un personaje famoso en Cuba, porque tenía el Conjunto Azul y era músico exclusivo de la emisora —afirma el musicólogo Jesús Blanco. Yo me acuerdo de que Chano siempre andaba para arriba y para abajo con Manana, que era como todo el mundo le decía a Agustín Gutiérrez, el que fue bongosero del Septeto Habanero y también del Septeto Nacional. Chano y Manana formaban una pareja terrible y se cuenta que hicieron cosas que parecían de locos. Un día estaban en El Ataúd, preparándose para irse de rumba, y antes de salir Chano cubrió la cama con billetes de cinco y diez pesos, porque ya tenía mucha plata, y después, como estaba sudado, se tiró de espaldas en la cama y le dijo a Manana: "Negüe, lo que se me quede pegao en el lomo es pa gastarlo hoy". Manana le desprendió como cien pesos de la espalda, y para gastar eso en un día, ¡ay mi madre!, cómo había que hacer cosas en esta Habana. Pero entonces fue que vino lo mejor. Dicen que Chano abrió el escaparate donde tenía como veinte trajes, de las mejores telas, y se puso a hablar con los trajes. El siempre hacía así, se mordía el nudillo del dedo anular cuando pensaba, y le hablaba entre dientes a los trajes. Él les decía: "A ver, a ti no te voy a sacar hoy porque estás muy pesao últimamente. Y tú —le decía a otro—, ni me mires, descarao, que te enfangaste to el otro día. Y a ti, ¿qué te pasa? Na, no te pongas triste, que tú eres el que va a salir hoy" —y escogía ese. Por eso hay gente que dice que él no estaba muy bien de la cabeza...

"Pero todo eso que se dice, que si Hornedo, que si Amado Trinidad, dígale a la gente que no: la persona que más ayudó a Chano Pozo en este mundo fue Miguelito Valdés. Fíjate: Miguelito fue el que le grabó las canciones a Chano en Estados Unidos, como "Blem, blem, blem", que fue un éxito, y siempre le respetó su dinero, nunca le hizo maraña, como sí pasó aquí en la Asociación de Derechos de Autor, donde le tumbaron una plata y cuando fue a reclamarla hasta le metieron un tiro en una nalga, porque la verdad es que Chano no era tan guapo como dicen... Pero, además, Miguelito Valdés fue el que inventó lo de la academia de baile que Chano y Manana hicieron por El Ataúd, y el mismo Miguelito les mandaba para acá a las americanas que querían aprender a bailar rumba, aunque de verdad lo que ellas querían era otra cosa: en dos palabras, venían aquí a fumar, a beber y a joder. Y también fue Miguelito Valdás quien le consiguió a

185

Chano sus primeros contratos en los Estados Unidos y lo mandó a buscar para que triunfara allá y se hiciera, al final, el tumbador más grande que ha dado este país... Y fue Miguelito Valdés el que pagó el regreso del cadáver de Chano en 1948..."

— Sí, claro que sí, ya en los años 40 Chano era un personaje importante en La Habana —confirma Litico Rodríguez, entonces bailador de swing, ahora actor de indetenible vis cómica. Amado Trinidad era "su padrino", como él decía, y Rita Montaner era su mujer, aunque no tuvieran papeles firmados. Era la figura de RHC Cadena Azul y la sastrería Oscar, de San Rafael, le cosía en exclusivo. Rodaba un Cadillac, usaba Chanel No. 5, y tocaba lo mismo en Tropicana que en el Casino Nacional. Además, él y Bola de Nieve eran los únicos negros aquí que podían comprar en "El Encanto", que era la tienda más cara y más chic de toda La Habana... Pero lo más increíble es que ese mismo hombre, con todo el dinero que ya ganaba, nunca dejó de vivir en solares: era como si tuviera una maldición y no pudiera vivir fuera del solar. Tenía varias mujeres y a todas les ponía un cuarto en un solar, y a la misma Cacha, que quería ser bailarina y rumbera, la puso a putear en el barrio de Colón. Es más, muchas veces venía con Rita para el barrio y se metían en rumbas o se sentaban con los socios en una esquina a tomar ron y cerveza en cualquier bodega. Yo creo que Rita, "La Única", fue con Chano que vino a saber lo que era "el mantecao" de verdad. Digo yo...

"Y claro que fue Miguelito Valdés el que más lo ayudó. Ellos se conocían de muchachos y ya Miguelito estaba cantando en Estados Unidos con la orquesta de Xavier Cugat cuando viene a Cuba de vacaciones y le propone a Chano que se vaya con él, pero a Chano no lo dejaban viajar porque tenía antecedentes penales (na, boberías: robos, navajazos, broncas y esas cosas), pero Miguelito le arregló los papeles y le inventó una gira con Cacha y Pepe Bequé como bailarines. Y así fue que Chano salió a consagrarse en el jazz, porque aquí ya era el rey de la rumba".

El camino de la gloria y de la muerte

Para el año 1946, cuando Chano Pozo sale de Cuba dispuesto a probar fortuna en la imprescindible Nueva York, su personalidad y su obra habían

El viaje más largo

llenado ya un capítulo trascendente de la música cubana. La rumba, de la mano de Chano Pozo, había cumplido el tránsito insólito del solar al disco y había penetrado definitivamente el universo del son a partir de sus trabajos al frente del Conjunto Azul, que formara gracias a Amado Trinidad. También había combinado su obra con la de Arsenio Rodríguez, el más grande sonero cubano de aquellos años. El Ciego Maravilloso, el hombre que había transformado la esencia y la rítmica del son al "inventar" el formato del conjunto sonero (en virtud, entre otros cambios, de la introducción de la hoy indispensable tumbadora cubana) y que había comenzado a popularizar varias composiciones de Chano, entre ellas piezas clásicas como los son "Tumba palo cocuyé", "Apurúñenme, mujeres", "Tintorera ya llegó", y los son "Serendé", "Rumba en swing", "¿Por qué tú sufres?" y "Cómetelo to", entre otros, que luego grabaría en Nueva York.

Éxito tras éxito, aquel negro feo, convertido ya en un hombre elegante, se había hecho de un nombre en la radio y en los cabarets habaneros, en las comparsas carnavalescas y en los bailes populares gracias, más que a un mecenas más o menos importante, sobre todo a su desbordado talento de músico natural y de tamborero excepcional, capaz de expresar con sus manos una forma de vida, una manera de entender el mundo.

— Entonces fue que empezó la envidia —me dice con su tono rotundo, que no admite debates, Mario Bauzá. He aprovechado una breve estancia en Nueva York para citarme con el padre del afrocuban jazz y al fin nos vemos en el bar "La Catedral" de Amsterdam Avenue y la 106, en la misma frontera de El Barrio y Harlem. Hablamos de su obra, de jazz, de la inexistencia de la salsa ("nadie ha escrito una salsa y lo que no se escribe, en música, no existe", me dijo) y también de Chano Pozo. Todo el mundo hablaba de él y acuérdate que nunca en la vida, en el Casino Nacional de La Habana, se había puesto con luces lumínicas, allá arriba, la imagen de nadie, hasta que llegó allí Chano Pozo. Me acuerdo que se veía por toda la Tercera Avenida... Y esas cosas no son buenas en Cuba, qué va, la gente no las recibe bien...

— Me acuerdo como si fuera hoy del día que Chano salió para los Estados Unidos —dice Petrona y entonces observa el altar que está a su lado: en el sitio de privilegio, flanqueada por la Virgen de la Caridad del Cobre y San Lázaro, está una gigantesca Santa Bárbara, empuñando su brillante espada. A mí se me hizo tarde y tuve que salir corriendo para el puerto, porque se iba en barco para llevarse el convertible rojo que se había comprado con un dinero que le mandó Miguelito Valdés. El pensaba estar allá poco tiempo, y por eso fue hasta con Cacha, la mujer que tenía por esa época. Pero yo sabía que Chano no iba a volver. Lo sabía. Unos días antes él se hizo un "registro" y le salió que tenía que hacerse santo, coger Changó antes de cruzar el mar. Pero mi hermano era muy desobediente y dijo que cuando regresara él se lo hacía. Pero yo sabía que Chano no iba a volver. Changó no perdona... Aunque la verdad es que parecía que lo había perdonado, porque mi hermano llegó y enseguida triunfó en el jazz. Allá mismo, donde inventaron el jazz.

— Cuando Chano llegó a Estados Unidos, yo tenía ya mi propia orquesta —relata Dizzy Gillespie, el excepcional trompetista que junto a Charlie Parker y Chano Pozo desarrolló hasta sus últimas consecuencias la revolución del *bebop*. Pero el problema es que no encontraba un buen tamborero. Entonces fui a ver a Mario Bauzá, quien ha sido mi padrino musical, incluso, el que me consiguió un puesto en la banda de Cab Calloway cuando la banda de Cab era la mejor de Nueva York. Entonces le pregunté a Mario, que era una autoridad en música afrocubana, si conocía a algún tamborero bueno de verdad. "Tengo un muchacho para ti, pero no habla inglés", me dijo. Así fue como tomé a Chano Pozo y no me arrepentí nunca. Cuando lo vi tocar a la vez siete tambores, supe que había encontrado un genio de la música. Y, por cierto, no hizo falta que hablara inglés: logramos entendernos perfectamente, por el lenguaje musical de nuestros ancestros.

— Sí, la historia fue así —me confirma entonces Mario Bauzá. En el año 47 yo estaba trabajando otra vez en el cabaret "La Conga", donde ya era el director artístico y musical, además de dirigir y tocar con la orquesta de Machito y los Afrocubans. Y un día me dicen que ha llegado un grupo de Cuba, unos músicos y una pareja de baile y que querían localizarme para ver si podían trabajar allí. Entonces fui a verlos al camerino, me presente y allí conocí a Chano Pozo y a Cacha, la que era su mujer. Esa misma noche vino al cabaret Miguelito Valdés, que era como el padre de Chano (fíjate que cuando él le hablaba Chano hasta bajaba la cabeza, como un niño), y Miguelito le dijo, mira Chano, este hombre es como si fuera yo, así que oye todo lo que él te diga...

El viaje más largo

"Ese fue nuestro primer encuentro y luego, cuando lo vi tocar, supe que ese hombre era un fenómeno de la música. Por eso fue que pudo poner aquí como ocho números "jiles": "Nagüe, Nagüe", "Pim, pim, cayó Berlín", "Boco-boco", "Ariñáñara Bocuere", y en el 47 abrieron un club latino en el famoso Palladium, que se llamó como una canción suya: el "Blem-blem". Todo lo que él sacaba, triunfaba, y lo más asombroso es que Chano no sabía nada de música, pero es que nació con un don. El tocaba, cantaba y bailaba porque era un genio. Eso es así. Olvídate de buscarle explicaciones.

"Entonces un día vino a verme Dizzy, que se había ido de la orquesta de Cab Calloway y tenía ya su propia banda, y me dice, Mario, me han dado una chance grande de hacer un concierto en el Carnegie Hall y vengo a verte para que me aconsejes qué es lo que hago. Y le digo: ni lo pienses, métele al afrocuban jazz. Y él se asombra y me dice que sin mí no sabe nada de ritmo cubano. Y yo le digo, pues no te preocupes que tengo aquí un hombre que es un león tusao... Nos montamos en el carro y arrancamos para acá, para la 111 con la Séptima Avenida, donde estaba viviendo Chano. Y en cuanto llegamos, sin explicarle nada, le digo: Oye, agarra los tambores y toca algo para este amigo. Y Chano tocó 'Manteca', y Dizzy se quedó así, con los ojos abiertos. Ahí mismo empezó otro de los momentos grandes del Afrocuban jazz de Mario Bauzá, porque la versión de 'Manteca' que hicieron Chano y Dizzy y aquel recital del Carnegie Hall quedaron en la historia del *bebop* y de todo el jazz".

— Y para que veas bien cómo fue la cosa —recuerda ahora Litico Rodríguez— antes del debut anunciaron: "Dizzy Gillespie con Chano Pozo" y al día siguiente pusieron "Chano Pozo con Dizzy Gillespie". El tipo se había robado el show...

Al sumarse a la banda de Dizzy Gillespie, empieza para Chano Pozo el camino hacia la consagración y la fama. Junto al gran trompetista norteamericano emprende una gira por varias ciudades del país y graba, entre otros éxitos, algunas de las piezas clásicas del *bop* y del jazz latino: "Manteca", "Cubano bip" y "Cubano Bop". Es la apoteosis de los tambores cubanos que enriquecían, definitivamente, la concepción rítmica de la música popular norteamericana.

Chano se había convertido en una celebridad —ha escrito Ciro Bianchi Ross, en un lúcido reportaje. "'Manteca' le había reportado ya una buena suma de dinero, cobrada horas antes de ser asesinado. Después de unas vacaciones cumplimentaría un contrato en Billy Berg, el famoso cabaret-restaurant de Hollywood, que a su vez le serviría de antesala para su debut en el Strand. Las pantallas de los trailers del teatro Strand ya lo anunciaban...".

— Con Chano Pozo habíamos tenido un éxito inmediato —recuerda, conmovido, Dizzy Gillespie. Pero lo que es más importante: Chano cambió el gusto de la música en los Estados Unidos, y a mí me alegra haber tenido algo que ver en ese fenómeno. Chano, con sus siete tambores cubanos, fue el factor decisivo en el proceso de introducir e integrar la música afrocubana en el jazz norteamericano. Chano Pozo fue un innovador, y un nuevo punto de partida.

— ¿Cómo no iba a ser así, mi amigo? Ese hombre podía hacer con sus tambores lo que le diera la gana... Fíjate, cuando Cristóbal Colón llegó a Cuba, ya Chano Pozo era, hacía rato, el mejor tumbador que había dado este país, y yo sé que todavía no ha vuelto a nacer otro como él —sentencia, sin margen a la discusión, Cala.

— Pero Chano no se sentía bien en los Estados Unidos, seguro que no —afirma Idelfonso Inclán, el Chino, masajista de boxeadores famosos, entre los que se cuentan los campeones mundiales Kid Chocolate, Kid Gavilán y Ray Sugar Robinson. Él quería regresar porque sabía que se la debía a Changó y él le tenía un miedo del carajo. Además, su ambiente estaba en La Habana, en los solares y en los barrios, donde hacía todas esas locuras. Para colmos, cuando hizo la gira por el sur de Estados Unidos, y vio que allí lo trataban como a un negro cualquiera y no como él se merecía o pensaba que se merecía, se desilusionó mucho. Como él y yo nos conocíamos desde el año 30 y salimos juntos en los Dandys, él fue varias veces al gimnasio Stigman, donde yo trabajaba para Sugar Robinson, a que le diera masajes y siempre lo noté muy tenso. Y, por cierto, yo estaba presente el día en que se conocieron Chano y El Cabito.

Triste, solitario y final

Chano Pozo estudió la pizarra de la vitrola. Introdujo una moneda en la ranura y marcó 3-D. Observó con cuidado cómo el brazo mecánico volaba sobre la hilera de discos y escogía exactamente uno, con una precisión que siempre le pareció un arte de magia. Esperó a que el disco girara, hasta caer sobre el plato. Entonces, por la bocina del reproductor empezaron a desfilar, atropelladamente, las notas salvajes y agresivas de una melodía nacida en el corazón de África, cinco siglos atrás. "Manteca" inundó el Rio Cafe and Longue y Chano Pozo, su autor, cerró los ojos: Ahora estás en La Habana y tocas la bienvenida al manto rojo encendido de tu irascible padre africano, Changó, orisha mayor, dueño del fuego, del rayo, del trueno y de la guerra, pero también del baile, de la música, de la belleza y la fuerza viril, el que desata las tempestades... No sientes que tus pies tiemblan y empiezan a golpear el piso, una y otra vez, y otra vez, iniciando una danza ancestral traída por tus abuelos desde las selvas del país de los yorubas.

Las puertas del Rio Cafe and Longue se abrieron y, con el hombre, una bocanada de aire helado entró en el local. Las manos del recién llegado, ocultas en los bolsillos de su gabán. Eusebio Muñoz, alias El Cabito, un excombatiente puertorriqueño marcado por la sicosis de una guerra en la que fungió como francotirador entrenado para matar, observó a su desprevenida víctima, cuyos pies se movían en Nueva York, pero cuya mente estaba en un viejo barrio habanero, frente al altar de Changó.

— Fue por mujeres —opina Cala.

— Por desobediente, Changó se lo advirtió —me dice Petrona Pozo.

— Drogas, seguro —afirma Roberto Cortés Ibáñez.

— Fue la envidia —contesta categórico Mario Bauzá.

— Dinero, un lío entre hombres —asegura Herminio Sánchez, repitiendo la versión que Caridad Martínez, Cacha, dio a los periodistas.

Pero Cacha no conocía a su hombre. Sin embargo, su versión —confirmada por otros músicos cubanos entonces radicados en Nueva York— fue la más difundida: El Cabito le debía 15 dólares a Chano, y Chano se los había reclamado en público, de una forma bastante agresiva... No obstante, al morir, el tamborero cubano tenía 15 mil dólares en su casa. Pero El Cabito había sido ofendido ante los hombres...

— La noche del 3 de diciembre, Chano, Miguelito Valdés y yo estábamos citados para un debut en un bar, y yo estuve por la tarde cambiando unos cheques de viaje que tenía. Como todavía faltaba un rato, me quedé en la casa oyendo la pelota de Cuba, en un radiecito que tenía, cuando me llaman por teléfono y me dicen, "Oye, Mario, acaban de matar a Chano. En Lennox, entre la 111 y la 112. En la barra del Río Café".

"Entonces me puse a averiguar y supe que la muerte de él fue prefabricada por otra persona, por la misma envidia que volvió a despertar aquí, por haber triunfado y tener mujeres y dinero. Pero esa persona que fabricó su muerte la está pagando en vida, y el que lo mató, al que le decían El Cabito, nada más fue un instrumento para hacerlo, pues hasta le pusieron el revólver en la mano, pero también lo pagó. Me acuerdo que me vio un día, un tiempo después (el tipo salió absuelto porque decían que estaba loco), y me dijo que se iba de Nueva York porque no resistía la vergüenza por lo que había hecho. Pues se fue a Miami y allá sacó una discusión y el otro le dijo: Tú no me vas a hacer igual que le hiciste a Chano, y ahí mismo le dio una puñalada".

Cuando Mario Bauzá termina su relato, me atrevo a preguntarle si cuarenta y cinco años después de la noche triste del 3 de diciembre de 1948 no se podía decir ya el nombre de "esa persona que fabricó su muerte".

— No puedo —me dijo.

— Chico, la verdad es que nadie quiso decir que fue un lío de drogas —recuerda el Chino Inclán, que suspende la sesión de masajes en esta parte de la historia: El Cabito le vendió a Chano una hierba que no era buena, y Chano le metió una galleta en público y luego no quiso disculparse, aunque El Cabito dijo que si se disculpaba él se olvidaba de todo. Entonces El Cabito juró que lo iba a matar como un perro. Lo más raro es que Chano lo sabía, y con la experiencia que tenía de la calle, no se ocupó más de eso. Era como si no le importara morirse, ¿verdad?

— Pero no fue marihuana —asegura, a su vez, Litico Rodríguez, en aquel entonces establecido en Nueva York con su trío de bailarines de swing. El lío era más gordo, era coca: Chano le compró una capsulita que valía 15 dólares, y sólo se pueden pensar dos cosas: o Chano no supo usarla y no se sintió bien, o el Cabito de verdad quiso estafarlo, aunque cuando Chano le dio la galleta en el café "El Prado", de Lennox, él dijo que también lo habían engañado. Entonces fue que le pidió a Chano que se disculpara con él o lo iba a matar. Y Chano no quiso disculparse. Lo raro es que después el Cabito lo haya cogido así, tan mansito.

Mientras, de frente a la vitrola, Chano ponía a circular por sus venas toda la historia sagrada y guerrera de su sangre africana: Tus manos dispersaban las penumbras del solar El África, tus pies pulían el cemento sucio de El Ataúd, tu voz profunda rompía las paredes enclenques de los cuartos de Pan con Timba, y volvías a vivir como siempre lo habías hecho, como único sabías vivir...

Cuando Chano Pozo giró, el recién llegado extrajo su revólver y disparó una vez. El ídolo de la música cubana cayó al suelo, con el corazón perforado. El Cabito se acercó entonces al cuerpo que se movía ahora con el ritmo espasmódico de la muerte y, sin prisas, disparó cinco veces más...

— Pepe Bequé, que entró en ese momento —cuenta Litico—, trató de meterse en el medio, pero El Cabito se viró y Pepe tuvo que salir corriendo y tirarse en el piso para que no le dieran los tiros que le soltó El Cabito. Cuando se paró, Pepe salió corriendo y gritaba "Fue El Cabito, fue El Cabito", y entró todavía corriendo al Small Paradise, donde yo estaba trabajando... Pero nunca condenaron al tipo y total, ya el mal estaba hecho... Murió Chano Pozo, como dice la canción.

En un bar de Nueva York, junto a una vitrola que cumplía la orden de cubrir todos los surcos del disco, yacía Chano Pozo, envuelto en su sangre y en su música, pero, en realidad, había muerto en su Habana, aunque la ciudad que lo hizo a su imagen y semejanza debió esperar ocho interminables días para cubrir con su tierra el cuerpo del más grande y triste de los tamboreros cubanos.

Epílogo

— Después de su muerte —recuerda el maestro Mario Bauzá— veo a Gillespie y me dice: Oye, no quiero más congueros, y yo le insisto en que hay otros buenos y que sin tumbadora no hay afrocuban, y le mando a Marcelino Valdés, que andaba por aquí. Pero qué va, él no se conforma, y me dice otro día: Oye, Mario, todas estas gentes son unos niños de teta al lado de Chano. En cada cosa que yo tocaba, él hacía algo que me cambiaba el ritmo, y eso no lo hace ninguno de estos. Sin Chano esto ya no es lo mismo. Y tenía razón: nunca volvió a ser lo mismo.

Quedan, sin embargo, sus discos, memorables y reveladores de su grandeza; queda su leyenda, solariega, barriotera, violenta y triste; y

queda su recuerdo, prendido a cada esquina de La Habana donde hoy, todavía, algún negro de manos grandes sepa quintear como los dioses sobre
el cuero de un buen tambor. Queda la rumba.

"Rumba, siento tu pena, Rumbero, lloremos esta pena.
En el barrio de Pueblo Nuevo, donde nació y se crió,
La Habana lo hizo famoso, su nombre lo consagró.
Este sonero rumbero siempre su ritmo sobresalió,
arrase naturaleza, vocabulario de inspirador.

Chano Pozo a tu memoria canto esta rumba,
como homenaje a tu labor.
Que Dios te acoja en su seno
y te ofrezca su bondad.
Y que el Espíritu Santo
te acompañe a descansar.

Chano Pozo, Chano Pozo, Cuba y la rumba te lloran.
Coro: Chano Pozo, descansa, Cuba y la rumba te lloran.
Que todo el mundo está llorando, cómo murió ese hermano.
Coro: Chano Pozo, descansa, Cuba y la rumba te lloran.
Que todo el mundo está llorando, cómo murió ese hermano mío..."

"Murió Chano Pozo".
Canta: Miguelito Valdés.

Queda la rumba, Chano Pozo...

1985 y 1992

ANEXO

RODOLFO WALSH O LA LITERATURA DESDE EL PERIODISMO[1]

Cincuenta años después de la publicación de *Operación Masacre* (1957), el ya célebre reportaje concebido con forma y recursos novelescos en el que el periodista y narrador argentino Rodolfo Walsh (1927-1977) investiga, descubre y devela, mientras escribe, los pormenores de un asesinato político sin culpables condenados, sigue en pie la discusión sobre la difícil (y para algunos imposible) definición de esta obra, alimentando lo que, desde entonces, ha sido una de las más arduas polémicas teóricas de la postmodernidad literaria latinoamericana.

El empeño de Walsh por encontrar formas expresivas capaces de fundir en una misma paleta los colores primarios de dos modalidades creativas concomitantes pero precisas, como lo son el periodismo y la narrativa de ficción, se vio reforzado con otras dos series periodísticas de similares intenciones que, siguiendo los pasos de *Operación Masacre*, también tomarían forma de libro: *¿Quién mató a Rosendo?*, publicado en la prensa en 1968 y editado en un volumen al año siguiente, y la menos afortunada de *El caso Satanovsky*, originalmente escrita y publicada en los años 50, casi a seguidas de *Operación Masacre*, pero solo convertida en libro en 1973, cuando ya su autor gozaba de reconocimiento internacional.

Estas tres piezas, visitadas y revisitadas por los estudiosos de la relación posible y obviamente necesaria entre periodismo y narrativa, han sido consideradas pioneras y pilares de una modalidad periodístico-literaria que, a partir de los años 60, fuera bautizada (autobautizada en ocasiones) con los más diversos y confusos apelativos que van desde novela sin ficción, como la llamara Truman Capote al publicar su clásico *A sangre fría* (1963), hasta ficción documental, pasando, entre otros, por los de novela testimonio o, simplemente, testimonio.

El problema de la definición y, más aún, de la filiación conceptual de obras como *Operación Masacre* y *¿Quién mató a Rosendo?* no ha sido,

---

1. Este texto fue escrito para prologar la edición de las obras de Rodolfo Walsh *Operación Masacre* y *¿Quién mató a Rosendo?*, publicadas por Casa de las Américas en 2007. [N. del E.]

por fortuna, un simple desafío teórico empeñado en encasillar la creación, otorgándole etiquetas genéricas reductoras. Estudiosos y críticos de la literatura y el periodismo apenas se han limitado, en este caso, a tratar de examinar e iluminar un polémico desafío que desde la obra del propio Walsh, y desde la de periodistas/escritores como Truman Capote, Gabriel García Márquez, Norman Mailer, Miguel Barnet o Elena Poniatowska, entre otros notables, afecta la esencia misma de los dos territorios fundidos y confundidos por los textos de tales autores y, sobre todo, la validez y pertinencia de cada uno de estos universos (periodismo y literatura) en el proceso mismo de fusión y confusión genérica y artística.

Para ubicar y clarificar el debate habría que partir de lo que, textualmente, nos entregan *Operación Masacre* y *¿Quién mató a Rosendo?*, dos obras tan similares en sus recursos creativos y expresivos que permiten asumirlas como un conjunto. Ante todo, se trata de dos series de reportajes periodísticos, concebidos como una continuidad que se resuelve en la unidad y en la totalidad. Originalmente publicadas en entregas sucesivas, que en ocasiones podían generar nuevas informaciones capaces de afectar el contenido de las siguientes, ambas series están armadas como un proceso de investigación en el cual, a través de entrevistas a participantes en los hechos, documentos periciales y legales, y otras fuentes diversas, se avanza desbrozando sucesos intencionalmente oscurecidos por los intereses políticos y humanos puestos en juego, hacia una verdad convertida en denuncia.

Operación Masacre cuenta la historia de un arbitrario fusilamiento de un grupo de hombres, durante la noche en que se ha producido un intento de golpe de Estado. Lo que hace singular a la historia es que los hombres condenados eran a todas luces inocentes de cualquier delito, que de los fusilados fueron más los sobrevivientes (siete u ocho) que los muertos (cinco) y, sobre todo que, hasta el momento de publicar el reportaje, nadie había sido condenado por lo que Walsh consigue demostrar como un delito civil cometido por un alto oficial de la policía contra un grupo de civiles. Por su lado, *¿Quién mato a Rosendo?* da seguimiento a los acontecimientos que antecedieron y sucedieron a la muerte (¿asesinato?) del sindicalista Rosendo García durante una riña de facciones, aunque su interés central es el análisis del desarrollo y frustración del movimiento sindical en Argentina en la década de los sesenta.

El método investigativo al que acude el autor para clarificar ciertas verdades y denunciarlas, no ofrece en ninguna de las dos historias demasiadas variantes novedosas en cuanto a los recursos de indagación habituales de lo que algunos han llamado periodismo de investigación. Sin embargo, la solución formal que Walsh (como Capote o el García Márquez de *Relato de un náufrago*) da al texto, no había sido hasta entonces la típica de este tipo de práctica periodística pues el escritor ahora le abría la puerta (y lo hacía ostensiblemente) a un elemento extraño y exótico, quizás hasta impertinente, tradicionalmente excluido (u ocultado) de la escritura periodística: la subjetividad.

Aunque la existencia de la objetividad periodística ha sido muchas veces denostada y hasta devaluada por algunos hasta llegar a considerarla un simple "invento" de las agencias de prensa, resulta incontestable que una de las premisas del reportaje periodístico es su relación de dependencia con la realidad, por lo que su influencia y credibilidad en el receptor dependen, ante todo, de hasta qué punto se apega o se aleja de ella. Por definición, el periodismo es una síntesis de la realidad y su materia prima son los hechos reales, interpretados por la sensibilidad, inteligencia y, por supuesto, la subjetividad de un periodista que, por lo general, responde a determinados intereses de clase o de grupos de poder e influencia. Las capacidades del reportero y el órgano para el que trabaja, sin embargo, no pueden (o no deben) irse por encima de esa conexión indispensable y dependiente entre texto escrito y realidad generadora, pues corre el riesgo de perder su entidad como periodismo y, con ella, su función social.

Ahora bien: cuando da entrada a pensamientos, actitudes, reacciones de personajes; espacio a la especulación personal del redactor; cuando reescribe diálogos y escenas a partir de información recibida, Rodolfo Walsh acude a soluciones conceptuales más cercanas a la creación literaria que al típico reportaje periodístico. Pero el escritor da incluso un paso más en ese territorio literario al apropiarse de un lenguaje y de diversos recursos formales propios de la narrativa de ficción, que se imbrican con naturalidad, casi diría que con perfección, al cuerpo de sus reportajes.

El hecho de que el escritor utilice estos recursos formales y hasta potencie el papel de lo subjetivo, no traiciona ni devalúa la esencia de unos textos concebidos y asumidos como periodísticos aunque resueltos narrativamente. El propio Walsh insistirá a lo largo de estos dos libros en la filiación periodística de sus escritos y, más aun, de su autor, pues de ella depende (y más aun de la filiación estrecha con la realidad factual a la que dice apegarse) el efecto preciso que persigue a lo largo de ambas series: la denuncia política y social y la reparación de una injusticia.

Al proponerse una denuncia directa de la realidad argentina, Walsh toma un camino periodístico muy definido y que lo aleja, en este sentido, del universo de la narrativa de ficción. Si la denuncia es, o puede ser, una de las funciones propias del periodismo, su lugar en la narrativa de ficción resulta, en cambio, dudoso, en cualquier caso secundario o mejor aún, subliminal. Pero siempre peligroso. El carácter de la narrativa de ficción es connotativo, mientras que el del periodismo es abiertamente denotativo, y cuando la narrativa se confunde con el periodismo en esta intención, por lo general los efectos nocivos de esa pretensión de participación activa devalúan el valor estético de la obra literaria, conduciéndola hacia los senderos del panfleto. Y Walsh, que conocía esa encrucijada, trató de resolver las exigencias de su militancia política (por la que, como se sabe, sería muerto en 1977) y de su compromiso con la realidad de dos modos: directamente a través del periodismo e indirectamente a través de sus obras de ficción (narrativa y teatro).

Nunca está de más recordar que la frontera más precisa entre periodismo y narrativa de ficción se encuentra en la relación misma que una y otra forma de escritura establecen con la realidad. Mientras el periodismo, como ya se ha dicho, reproduce y sintetiza una realidad, la narrativa de ficción si acaso parte de ella, la refleja (así lo entendían Stendhal y los realistas del siglo XIX) pero nunca la reproduce: los códigos de la novela y el relato presuponen que se trata de un discurso de ficción y, por lo tanto, es obra de la imaginación del escritor y no de la realidad misma, y de ese modo se le recibe y asimila. En su intención de abordar y hasta reflejar una cierta realidad el escritor de ficciones debe lidiar en su discurso si acaso con la verosimilitud pero nunca con la realidad misma, aun cuando su obra establezca múltiples contactos con ella.

En la elaboración de sus grandes reportajes, Rodolfo Walsh partía del entendimiento y asunción de esa distancia esencial entre narrativa y periodismo, pues cultivaba ambas modalidades literarias, y nunca preten-

El viaje más largo

dió entregarle a una las esencias definidoras de la otra, sino que realizó apenas un trasvase de recursos narrativos en el texto periodístico con el objetivo de conseguir una mayor identificación con el lector al que se dirigía y, sobre todo, una calidad de escritura más cercana a lo "literario" que a lo habitualmente "periodístico".

El resultado de esas intenciones comunicativas y estéticas, plenamente logradas, condujo sin embargo a la confusión teórica y a la dificultad a la hora de bautizar el osado experimento. Cuando Truman Capote, a propósito de la exitosa publicación de *A sangre fría*, calificó su obra de novela sin ficción, entró en un callejón sin salida pues la característica genética que define a la novela es, precisamente, ser obra de ficción. Similar suerte corre la categorización de *Operación Masacre* y *¿Quién mató a Rosendo?* como periodismo de investigación, pues el carácter mismo del reportaje está en la investigación de una realidad sobre la que se escribe. Por su parte, las definiciones de testimonio o novela testimonio apuntan, en mi opinión, en otro sentido: como su nombre lo indica se trata de una atestación de determinados sucesos y, con independencia de los recursos formales empleados por el escritor (relator en este caso de lo vivido por otro) deja o debería dejar fuera de sus atribuciones la mirada subjetiva sobre la realidad recogida. (Excluyo los "testimonios" en primera persona, ellos sí cargados de subjetividad, pues los considero más cercanos a la autobiografía monda y lironda).

La calificación de estos dos reportajes de Rodolfo Walsh quizá sería más precisa si se les considerara solo como periodismo literario, es decir, un tipo de escritura periodística que emplea lenguaje y recursos más propios de la literatura, y que, como es fácil constatar para cualquier conocedor de la evolución del periodismo, existe desde mucho antes de que Walsh se encontrara con un muerto que hablaba y se lanzara en la investigación de una masacre silenciada y nunca condenada.

Pero la novedad que introduce Walsh en esta mezcla de atributos de la ficción y el periodismo es que la realiza desde una actitud más consciente que inspirada, más conceptual que natural o espontánea y por eso no he dudado en ubicar a *Operación Masacre* y *¿Quién mató a Rosendo?* en la fronda de lo que después catalogaríamos como postmodernidad literaria. No resulta para nada casual que un escritor capaz de practicar la postmodernidad literaria mucho antes de que se hablara de ella, fuese también un profundo conocedor de la literatura policial e, incluso, escritor de ficciones criminales como las recogidas en su volumen *Variaciones en rojo* (1953). Antes que él, en la propia Argentina, Jorge Luis Borges y Adolfo Bioy Casares al escribir bajo el seudónimo de H. Bustos Domecq habían realizado un experimento literario con un género firmemente establecido de la cultura de masas, concretado en un juego inteligente en el que lo paródico palpitaba en cada historia escrita y se convertía en el recurso de naturalización a la cultura argentina de esa modalidad hasta entonces escasa y pobremente cultivada en el país y en la lengua española. Walsh, conocedor de la novela policial universal y de los relatos de sus compatriotas, asume también la actitud paródica en sus relatos detectivescos mientras en sus grandes reportajes incorpora como una ganancia la forma "policial" al considerarla una estructura narrativa propicia para organizar unos textos relacionados con la violencia y el crimen.

Muchas veces se ha dicho que *Operación masacre* y *¿Quién mató a Rosendo?* se pueden leer como novelas policiales. Y lo cierto es que, estructuralmente, ambos reportajes están organizados como novelas policiales, sin tener forma de novela y sin ser novelas. El manejo de la información, la gradación con que esta llega al lector, es precisa e intencionada, como en la novela policial, a la que ahora Walsh no calca ni parodia, sino que *utiliza*, con una franca postura literaria postmoderna.

De tal modo, el empleo consciente e instrumental de una estructura creada y patentizada por una modalidad literaria (el policial), la introducción de una dosis regulada pero visible de subjetividad individual en los textos periodísticos y el empleo de recursos habituales de la narrativa de ficción, dan a los grandes reportajes de Walsh un resplandor especial y una capacidad de comunicación incisiva y persistente. Pero el resultado mayor del experimento fue la validación del periodismo como una posible (y concreta) modalidad literaria, poseedora de la misma dignidad estética, complejidades formales y profundidades de sondeo en la individualidad humana que la literatura de ficción, con la ventaja propia de poder lanzarse a la denuncia sin afectar las cualidades estéticas del texto.

Rodolfo Walsh, como García Márquez, Capote o Mailer, cada uno desde sus necesidades y objetivos, desde sus experiencias y capacidades, se impusieron a conciencia no la violación de principios establecidos para el periodismo, sino su enriquecimiento, su dignificación. El resultado fue que consiguieran borrar las distancias cualitativas y estéticas que suelen separar al periodismo de la narrativa de ficción y hacer del primero, definitivamente, una forma literaria con sus características propias, pero literaria al fin y al cabo. De ahí la posibilidad de permanencia que consiguieron con sus textos, vivos y palpitantes cuarenta, cincuenta años después de escritos, capaces de mantenerse vivos y muy distantes del infinito cementerio en el que ya está muerto y enterrado el periódico que leímos ayer.

Mantilla, noviembre de 2006